しぶとい十人の本屋

辻山良雄

生きる手ごたえのある仕事をする

朝日出版社

あなたがたは地の塩である。
だが、塩に塩気がなくなれば、
その塩は何によって塩味が付けられようか。
・・・・・・・・・・・（「マタイによる福音書」5-13）

はじめに

　この本は、個人で本屋を営んでいるわたしが、全国で同じように本屋を営んでいる九人の仲間に会いに行った、約一年間の旅の記録です。そう聞くとみなさんの中には、「なぜわざわざ、本屋が本屋に会いに行くのか？」といった疑問を持たれるかたがいるかもしれません。この旅はもともと、次のような動機からはじまりました。

　長いあいだ同じ仕事を続けていると、いつの間にか踊り場のような場所に立っていて、自分の仕事がわからなくなることがありますが、旅に出る前のわたしがまさにそうでした。だからほかの誰かの話を訊き、この仕事を見つめ直したいと思った。さらに同じ仕事をしているもの同士が存分に語ることで、その仕事の本質まで辿り着くことができるのではないかと考えました。本屋をめぐる話はこれまでにもたくさんありましたが、わたしはその仕事をしている当事者として、そこにはまだ十分に語られていないことがあると思っていたのですね。

　でもそうした「会いに行く」ことを続けているうち、当初の動機は大した問題ではなくなっていました。本屋という仕事は大抵はいつも同じ場所にいて、そこから世界を見ている定点観測。そうしているあいだにも、語られなかったことばはその人の中に蓄積されていきます。だから同じ仕事をしているわたしが前に座ることで、「この人には遠慮もタテマエも要らない」と、熟成された本音の言葉が、何の前置きもなく溢れ出す……。つまり、彼らの話が掛け値なしに面白かったということなのですが。

みな長年この仕事を続け、その人オリジナルの仕事をつくり上げている人たちですから、話には自然と思想や哲学のようなものが含まれます。だからわたしはこの本で、彼らの声を一本の糸のように縒《よ》り合わせるだけでよかった。そして旅が終わるころには、わたしはずいぶんと明るくなっていました。振り返れば二〇二〇年から人と会う機会も減り、自覚はありませんでしたが、鬱々《うつうつ》としていたところもあったのかもしれません。やはり誰かと話すことには力がある。この本は、そうした回復の記録でもあります。

みなさんご存知の通り、本屋というものはいま旗色が悪そうだ。でもそれは仕方がありません。わたしたちは人口が減少していくかつてない時代を生きている一方、居ながらにして新刊の情報が流れてきては、注文すれば翌日家までその本が届く、便利な時代を生きていますから。

しかしそんな時代でも、個人で本屋をはじめようとする人の数は増えています。そのことにはいつも驚かされますが、この旅を続けてみて、出会った人の言葉から気づかされたこともありました。たとえばこの本に登場する長谷川稔《みのる》さんは次のように語っています。

「いま世界は、間違いなく困難な方向に向かって進んでいると思うんですけど、おそらくこれだけ愚直というか、淘汰されつつある働きかたには、ますます価値があると思っています」

わたしは最初この言葉を聞き、「ますます価値があるって、いったいどんなコペルニクス的転回だよ！」と思いましたが、実はわたしも心の底で、似たようなことを考えていたのですね。でもそれはこうした鮮やかな言葉にはなっていなかったから、長谷川さんの話には感動したし、ハッとさせられました。

思うに人間は便利な社会をつくったけど、それで幸せになった人が増えたかといえばそうでもない。むしろよのなかにある幸せの総量は減っているというのが、いまを生きる多くの人の実感ではないでしょうか。あまりに便利すぎるよのなかでは、生きる手ごたえというものが、人から逃げていくのかもしれません。

だから愚直なこの仕事を続けている人たちは、そうした世界に対して「ノン」と言いたかった人たちなのかもしれない。大体が自ら好んで本屋をやろうとする人は、ある意味とても変わっていて、偏屈で、それはいまのよのなかを覆っている効率や生産性といった価値観とはまったくそぐいません。でも、みなそれぞれのやりかたでこの世界をよいものにしよう、豊かなものにしようとしている、しぶとくて人間臭い人たちです。そしていまのよのなかにはそうした仕事こそが求められていると思いますから、わたしはこの本で、旗色の悪そうな本とか本屋とかいうものの価値を、あらためて問うてみたかったのですね。

　この本はもともと、スタジオジブリが発行している『熱風』という雑誌で、「日本の『地の塩』をめぐる旅」として連載されていた文章に手を加えたものです（本の随所に「地の塩」という言葉が出てくるのはそのためです）。すべての場所には、菊池拓哉さんという若い編集者が同行してくれました。中に収録された写真はすべて菊池さんが撮影してくれたものですが、この旅には菊池さんの視線もどこかに含まれているものと思います。

　どのような仕事でも、自ら考え、自分の足で立って行われた仕事には、すべての道に通じる普遍がある。この旅で話を訊いた彼らの仕事や生きかたは、行き詰まっているこの社会で自分らしく生きていきたい人への、ひとつの灯りになるのではないかと思っています。

目次

目次

1

気がつけば、自分の仕事がわからなくなっていた

自分の感受性くらい

東京の荻窪にTitleという小さな書店を開いたのは、二〇一六年一月のこと。長年営業を続けた店が閉店するというニュースは見かけても、個人が新たに新刊書店を開業するのはまだ珍しかったころである。それでも支えてくれる人に恵まれ、これまで何とかやってくることができた。

開店前は、おそるおそる中の様子を遠巻きにして眺めていた近所のかたも、店が開けば少しずつ店内に入ってくる。子どものための雑誌を買う人、店にない本を取り寄せする人、本は読まないけど併設のカフェに立ち寄る人など、次第にそれぞれのかたとの関わりができていった。

本は、人がその人自身になるために、なくては

ならないもの。この街に住む誰かの家の本棚に、かつてTitleに並んでいた本があり、その人が生きていく上での支えになっている——そう想像するだけでも何だか胸が熱くなるし、とてもやりがいのある仕事ではないか。ずっとそう思って、この仕事を続けてきた。

だが近ごろ、「何かおかしいのでは？」と思うことが増えてきたのだ。たとえば次のようなこと。

・経験上五冊は売れるだろうと思って仕入れた本が三冊しか売れず、残りはすべて返品になってしまった

・SNSで紹介した瞬間、「面白そう！」とすぐに売り切れてしまった本でも、一週間経ち、また入荷したときには、売れ行きがパタッと止まってしまう

そのようなことが続けば、だんだん不安が頭をもたげてくる。

よのなかが変わったのだろうか、それとも自分の店が飽きられてしまったか。

周りを見回せば社会の見通しは不透明。ウクライナではじまった戦争も遠因となり、食品をはじめとする様々なものの値段が高騰している。

「インクや紙の値段も上がってしまい、今後は本の価格に反映せざるを得ないかもしれません……」

先日店に来た出版社の営業のかたが、つらそうにそう話してくれた。

これまでは丁寧に本を紹介し、その本を速やかにお客さんに届けるということをやっていれば、結果は自ずとついてきた。しかしそれだけではもう足りないのかもしれない。

と、そのようなことを晩ごはんの席上、妻のアヤコさん――彼女は本屋の奥に併設しているカフェを担当している――に軽い気持ちで口走ったところ、彼女は少し考えたあとこのように言った。

「まあTitleという店が、そこにあるのがあたりまえの存在になったからね。飽きられたかどうかまではわからないけど」

　その通りだ。

「でもあなた、最近ちょっとこわい顔をしているときがあるわよ」

　そうかな？　自分では意識していないが、彼女が言うのならそうかもしれない。そういえば会計の際、わたしの顔を見ておそるおそる帰っていくお客さんが増えた気もする。

　もちろんその顔にはわたしなりの理由もあって、狭い店ではよくもその人のことがよく見える。何人かでしゃべりながら店内を巡回し、外で写真だけ撮ってそのまま帰っていく人。Instagram（店ではやってない）で知ったというフレンチトーストが売り切れていると伝えるや、「いったいいつ来れば食べられるのですか！」と、ほかのメニューには目もくれず怒りはじめる人たち……。

こんなはずじゃなかったのだが。

何だかよのなか、ますます刹那的になってはいないか？

そのようなことが続けば、店に立つこちらの気持ちも、だんだんささくれ立ったものになってくる。

だが、開店した当初のわたしは、もっと穏やかにニコニコしていたと思う。当時のわたしは、知らない誰かに来てもらえるだけでありがたいと素直に思っていたはずだ。そして目の前の店主がニコニコしている店と、ムッとしている店があったとして、人がどちらの店にまた行きたくなるかは、考えなくても明らかなのだ。

ぱさぱさに乾いてゆく心を
ひとのせいにはするな
みずから水やりを怠っておいて

茨木のり子「自分の感受性くらい」

好きではじめた仕事なのだから、その仕事のことを嫌いになりたくはない。

働いている人なら、誰しも思うことだろう。

「うーん……。Titleをはじめてから、少し人に対して厳しくなったかな……」

アヤコさんにはそう応えるのがせいいっぱいだった。

本屋は増えている？

しかし、わたしがそのようなことを考えている一方で、驚かれるかもしれないが、自分なりのやりかたで新しく本屋をはじめる人の数は増えている。

本は好きだから本屋はやってみたいが、既存のシステムでは難しそうだから、とにかく自分のやれる範囲でやってみる。

そうしたインディペンデントなあかるさを、彼らには感じる。

ここ最近でも、花田菜々子さんが高円寺にオープンさせた蟹ブックス[※1]は話題になったし、フリー書店員の久禮亮太《くれりょうた》さんも、自分の店フラヌール書店[※2]を開いた。

しかし人はどうして自分の有り金をはたいてまで、わざわざ本屋をやろうとするのだろう。我々は理解に苦しむ、「変わり者」なのだろうか？

いや、そうではないだろう。売れない、売れないとは言われつつも、本というものは案外しぶとい。本にはやはり、それだけの魅力があるのだ。

そして一度本の魅力にとりつかれた人は、もうそれ以外のことは考えられなくなるのだろう。

そう考えると本屋という場所は、これからもその数は減るにしても、何らかのかたちで残っていくには違いない。人口が減少していくいまの日本では、本の世界に限らず、経済成長が前提となっているこれまでのシステム自体が過渡期を迎えている。こうしたインディペンデントな本屋が、減り続ける従来の書店に代わる存在であるとはまだ言えないだろうが、少なくとも一つの方向性は指し示しているように思う。

編集者として活躍している熊谷充紘《みつひろ》さんもまた、三軒茶屋にtwilight《トワイライト》※3を開店させた。友人の店が入っているビルのフロアに空きが出て、気心の知れた熊谷さんに打診があったのだ。そういえば彼は店をはじめる前、Titleまで立ち寄ってくれたことがあった。

「『本屋、はじめました』、とても参考になっています」

※1　二〇二一年九月一日オープン。この社会を他人とどう生きていくか、実感に基づく「共生」を考えさせる本に力を入れている印象。花田さんを中心に、少しずつ運営メンバーが変わっているのも面白い。

※2　東急目黒線不動前駅より、坂を上ること徒歩三分。突如現れる新刊書店。人文書を中心に本が揃っている。店主・久禮さんのセルフビルドは筋金入りで、店内のほとんどの什器は彼が手づくりしている。

『本屋、はじめました』とは、わたしがTitleを開店してから一年後の二〇一七年一月に出した本のこと。主に店の開業とその後の運営に関し、実際の収支を含めて細かく書いている。

「参考になるというか、励みになっています。毎日支払いも多くて、ほんとうにドキドキなので……」

熊谷さんも店をやるのか。やはり新しい店が増えているんだな……。

店をつくる際にはそれまで使ったことのない金額のお金が一瞬にして出ていくから、気がつけば毎日預金通帳を睨んでいる時期がわたしにもあった。

これまでもこの本を読んだ感想を目の前で語ってくれるかたは多く、その度ごとにありがたく思ったが、彼らに対する責任に似た気持ちも、腹にずんと溜まっていった。

わたしは『本屋、はじめました』の最後の章を、次のような言葉で締めくくっている。

「Titleだけではなく、今、全国にあるそれぞれのやり方で本屋を行っている店を見た誰かが、きっとこのレールを同じように先へと延ばしていくでしょうから」

このことがすでに現実となり、いまわたしを追いかけている。

わたしもそれまで見てきた多くの店から店づくりを学び、Titleという新たなレールを敷いた。そしてそのレールは、それ以降も多くの人の手により、絶えることなく延び続けている。新しくできた店や、彼らの情報発信のやりかたを見ていると、その内容が日々進化、洗練されてきていることがよくわかる。

だが仮にそうだとしても、不景気の坂をみんなで転がり落ちているようないまの日本で、新しく本屋をつくろうと思った人に、「いっちょう思い切ってチャレンジしてみては」と軽々しくは言えない。

本屋は「本を並べる」という一見きれいに見える商売だが、実際には絶えず本を動かす肉体労働。その利幅の低さから利益を出すのは容易ではない。何の仕事でもそうなのだろうが、当事者にしかわからない苦しみは存在する。

一介の本屋にすぎないわたしには、物事の仕組みを大きく変え、本を売る人の待遇や業界全体の売上をよくする力はない。しかし会社員の時代も含めればもう三十年近く、この本を売るという仕事を続けている。まずは自分の店を続けることを考えなければならないとしても、自分がいなくなったあとの本の世界のこともそろそろ気になりはじめている。このままいけばわたしたちが、こうした個人の本屋を開いた最後の世代になってしまうのではないか。

※3　三軒茶屋にあるレトロなビルの三階と屋上に店があり、センスに溢れた、新刊と古書の品揃え。店では旺盛な出版活動も行い、柴田元幸さん翻訳の小説や小山田浩子さんのエッセイなども刊行。

わたしはこれまで本屋のことを、「地の塩」のようなものだと考えてきた。「地の塩」とは、もともとは聖書に登場する言葉だが、わたしが最初にこの言葉を知ったのは、ザ・ローリング・ストーンズの「SALT OF THE EARTH」という歌からだった。

Let's drink to the hardworking people
Let's drink to The Salt Of The Earth

労働者階級に乾杯
「地の塩」に乾杯しよう

（筆者訳）

無数の名もなき人やものが、この世界を支えている。彼らこそが「地の塩」だ。ふだん意識されることはあまりないが、ひとりひとりのそうした小さな存在があるからこそ、この世界がいまある姿で保たれている。本屋もまたあたりまえのようにそこにあるが、みなが少しでもよりよい自分であろうとすることを、陰から支えている存在なのだと思う。

自分たちのことを「地の塩」だと言ってしまうのは、あまりにもうぬぼれが過ぎるし、多くの人にとって本屋がそのような存在であり続けられているかはわからない。だがそう信じていないと、この仕事を続けていく支えがなくなりそうで、こわくなる。

「いったい本屋というものは、まだ人から必要とされているのだろうか」

そう考えた瞬間、わたしには自分の店が一艘《いっそう》の頼りない小舟のようにも見え、ひとりその場でうろたえてしまった。

「はたしてこの店は、いま誰かの役に立っているのだろうか？」

つまりわたしは、ふだん行っている仕事の意味を、自分でもよくわからなくなっていたのである。

そうだ、旅に出よう

わたしはいつも自分の店にいるから、人からは外に出たがらない人間だと思われているが、実はもともと旅が好きだ。毎日座っている椅子を離れるときの、あの解放感といったら！　知らない土地に行き、はじめて目にする光景に触れることで、生きる活力が新たに掘り起こされる気がする。

二〇二〇年以降、そうした旅もしづらくなったが、旅ばかりかほかの誰かと気軽に話をすることも、コロナ禍の状況ではままならなくなった。

先日、久しぶりに顔を見せた常連さんが、このように明かしてくれた。

「実は去年から引きこもり気味だったんです。そんなこと、これまでなかったんですけど」

Iさんは大きな声で屈託なく笑う人なので、そう聞いて驚いた。人というのは、外から見ているだけではわからないものだ。

「……でも歩いたり、人と話をしたりすると楽なんです。今日もここまで駅二つぶん歩いてきました」

「体を動かすことはいいでしょうね。わたしもふだん脳みそしか使っていないと感じるときがあって、そうした状態がずっと続くとだんだんつらくなります」

「はい。あと、一緒に暮らしている彼女と話をしていたのが体調的にはよかったです。たわいもない話ですけど……。ツジヤマさんは、最近誰かと話しましたか？」

それからIさんは、何か面白い本はないですかと尋ねてこられたので、わたしは彼に、坂口恭平[※4]『土になる』を紹介した。料理、服、絵、なんでも自分の手を動かし、つくることによろこびを見出す坂口恭平。帰っていく彼の背中を見ながら、気に入ってくれればよいがと願った。

そういえば、わたしは最近誰かと話しただろうか？　こうした仕事だから、毎日誰かと話しているといえばそうなのだが、思う存分語り合ったかと考えると、それはそうでもない気がする。

わたしたちのような個人事業主は、物事を決めるとき、誰かに伺いを立てることもないので気楽といえば気楽である。余計な会議もないので意思決定も早いが、自分の仕事についてほんとうの意味で気にかけているのは、結局のところその人しかいない。

つまり気楽ではあるが、孤独なのだ。

ときには、連れ立って歩く会社員の背中を見ながら、うらやましくなることもある。

ツジヤマさんは、最近誰かと話しましたか――

Ｉさんの声がリフレインして聞こえてきたとき、全国の、わたしと同じ仕事をしている、同業の書店主の顔が次々と思い出された。

たまたま同じ時代に居合わせ、本を売るというこの商売を選んだ彼ら。

それぞれ自分の店があるから、ふだん会って話すことはなく、たまに流れてきたＳＮＳの

※4　一九七八年、熊本生まれの作家。建築家、絵描き、音楽家などとしても活動。その存在に、とにかく自由を感じる。著書に『独立国家のつくりかた』（講談社現代新書）、『現実脱出論 増補版』（ちくま文庫）など。

投稿を見て、「あぁ、やっているな」とその消息を知るだけだ。だんだん暗がりへと差しかかっているこの時代、同じように本屋を営んでいる彼らは、いま何を思って仕事をしているのだろう？　やはりわたしと同じように、迷いや不安もあるのだろうか。

それを、訊いてみたいと思った。

ふつう本屋同士は、自分たちのやっている仕事に関し、あまり語り合うことはしない。

それは、お互い手の内を見せ合わないということもあるかもしれないけど、「わざわざ言わなくても、そんなことわかってるでしょ」という照れのほうが大きいのではないか。

だが本屋のことは、同じ本屋がいちばんよくわかっている。

お互いがふだんやっていること、考えていることを、遠慮は抜きにして本音で語り合うことで、この仕事の持つ変わらぬ価値、本質を発見できるのだと思う。そしてそれは、知らず知らずのうち袋小路に陥っていた、わたしを導いてくれるかもしれない。

そうだ、旅に出よう。

そう決めただけで、ずいぶん心があかるくなった。

わたしはこの旅で訪れたい店や人を、紙にリストアップして書いてみた。北は北海道から南は沖縄まで、様々な名前が候補として並んだ。いずれもその土地と深くかかわり、そこからその人固有の、オリジナルな仕事をつくりあげている人たちだ。我ながら、なかなかいい人選ではないか。

特に前もって行き先は決めず、そのとき必要だと感じた人のところに、自分のほうから会いに行けばよい。そうしたあてもない道すじが、この仕事に対するわたしの考えを深いものにしていくだろう。

まずは最初の訪問先として、静岡県の掛川市で「走る本屋さん 高久書店」を営む、高木久直さんに会いに行くことにした。

2

もう生活そのものがどっぷりと本屋
❖❖❖
走る本屋さん高久書店
❖❖❖
高木久直さん

掛川へ

Titleは十月が決算月なので、十一月一日は新年度のはじまり。そして今日は、記念すべき旅のはじまりの日でもある。

　この日は定休日だが午前中店に立ち寄り、届いていた荷物を仕分けたあと東京駅まで向かい、新幹線の「こだま」に乗車した。

　車窓から見えた品川のオフィスビルはちょうどお昼の時間で、従業員が等間隔に座り食事をしていた。わたしはこの時間いつも自分の店にいるから、住宅地ののんびりとした風景しか目にすることがないが、そのあいだにもこうして多くの人が、黙々と自分の仕事をしているのだろう。

　これから向かう掛川には、高木久直さんが経営する「高久書店」がある。最初に掛川に行くことにしたのは、高木さんにはわたしに欠けている、この仕事に対する思いの強さがあるように感じたから——自分よりもっとも離れたところから、旅をはじめるのがよいと思ったのだ。彼とはこれまで二度ほど会ったことがあるが、いずれも挨拶程度で深く話したことはない。

高久書店は、人口十一万人の地方都市の中に、わずか九坪で店を構えている。高木さんは店が休みの日には、「走る本屋さん」として県内の書店がない地域まで車を走らせ、訪れる人を相手に本を売っている。彼のそうした活動からは本を届けるという強い意志を感じるが、はたしてそれでどうやって生計を成り立たせているのだろうか？

曇り空の午後、掛川駅に到着し、街を歩いた。人通りはまばらでシャッターが降りている店が多い。歴史のある街とはいえ、地方ではよく見かけるようになった光景だ。

掛川城、大日本報徳社[※1]と街を歩き、店にも学生がよく訪れるという、静岡県立掛川西高等学校を横目に高久書店まで行く。途中、ランニング中の高校生数人から、「こんにちは」と

※1　二宮尊徳の教えである「報徳」を、現代につないでいくことを目指す全国組織の本社。木造の建物は質素でありながら重厚で趣がある。なお掛川では、二宮尊徳の銅像を街のあちこちで見かけた。

声をかけられた。

店に到着すると、スタジオジブリ出版部の菊池拓哉さんが待っていた。菊池さんはこれから多くの店を一緒に回る相棒で、わたしよりひとまわり下の世代の編集者だ。自分が関わっている本の世界の行く末にも並々ならぬ関心を寄せているようで、この旅に関しても「本屋さんとはどんな人たちなのか、それぞれのかたと出会うのを楽しみにしています」と話していた。

「いよいよはじまりますね」と挨拶し店内に入ると、店の中にはすでに数組のお客さんがいた。奥に高木さんの姿を見かけたが、常連らしき人と話し込んでいる様子だったので、先に店内を見て回ることにする。

多くの書店では入ってすぐのところに、新刊か店で一番売れる本が並んでいる。しかし高久書店ではその一等地に、高校生向けの学習参考書が並んでいて、それはほかの店ではあまり見かけることのない光景だ。十一月のこの時期、棚は大学別の過去問題集、いわゆる「赤本」で真っ赤になっており、棚の下には同じ年ごろの子どもが読む売れ筋のコミックが積まれている。店の面積に対しての、絵本や童話の多さも目を引く。

窓側一列は雑誌コーナー。棚の本数こそ少ないが、『りぼん』『週刊少年ジャンプ』『サッカーマガジン』『壮快』などありとあらゆる雑誌が、タイトルが見えるように少しずつずらして積まれている。多くの書店チェーンでは雑誌はなるべく重ねず、表紙をきれいに見せて

青い外観が目を引く「走る本屋さん 高久書店」。

陳列するよう指導されるが、高久書店はその逆を行く。雑誌が重なって置かれるのは店の大きさからすればいたしかたないが、多くの種類の雑誌が入っているのは、それだけ多様なお客さんが来店しているということだろう。見ているとお客さんは、それぞれすぐに目的の雑誌を見つけていたので問題はない。

店の奥にある大人向けの本も、一冊一冊丁寧に選ばれているのがよくわかる。なぜわかるかといえば、棚に並んでいる本のタイトルにいちいち目が留まるからだ。これが、届いた本をそのまま並べているだけの書店だと、視線が上滑りしてしまい、表紙を見せている平積みの本にしか目が留まらない。そう考えれば店の広さも、本をゆっくりと見るのにちょうどいい広さといえるのかもしれない——

「お待たせしました」

高木さんが店の奥から声をかけてくれた。先ほどから彼とお客さんとの会話も聞こえていたが、そのゆったりとしたやり取りときおり差し挟まれる方言に、人の好さが感じられる。

「遠くからわざわざありがとうございます。ほんとに田舎の本屋ですけど……。よろしければ荷物を置いて、二階にも上がってみてください」

高久書店の二階は、ギャラリー兼自習室のようなスペースになっており、窓に向けて小さな机と座布団がいくつか並べられていた。ちょっとした寺子屋の雰囲気だ。壁には昔の掛川の写真が貼られ、地元の学校のパンフレットも置かれており、この小さな書店が掛川という街とつながっていこうとする意志が感じられる。

そうしているあいだにもお客さんが次々と入ってこられるので、ここは一旦退店し、店の閉店時間を待って話を伺うことにした。

朝は、安否の確認から

――まずは高木さんの一日から教えてください。

高木　私の店は「ああ、来たけどふつうだよね」と言われることも多いのですが、実は大いなるふつうを目指してやっているところがあります。昭和の時代には、本を配達する店がありましたが、私はいまでもそう。開店する前、七時過ぎにこの店にやって来て、荷物の梱包を解いて仕分けをする。雑誌程度は並べてから掃除をして、そのあと配達に出ていきます。

――開店時間は何時でしたっけ。

高木　朝十時です。だから九時から配達に回ったとしても、行けるのはだいたい三軒くらいかな。

――配達先は、ご高齢のかたや、お店をやられているかたが多いのですか。

高木　配達の対象になっているのは、もう免許を返納して店に来られないというご高齢のかた。あとはご病気や体に障害のあるかたですね。ほんとうは美容院などの店に配達したほうがいいんですよ。雑誌を何冊か、一カ月に一度まとまった数を持ってきてと頼まれたりするので……。だけどそれをはじめると一人ではやりきれないので、やっているのはご年配のかた、体が不自由なかただけです。

店主の高木久直さん。

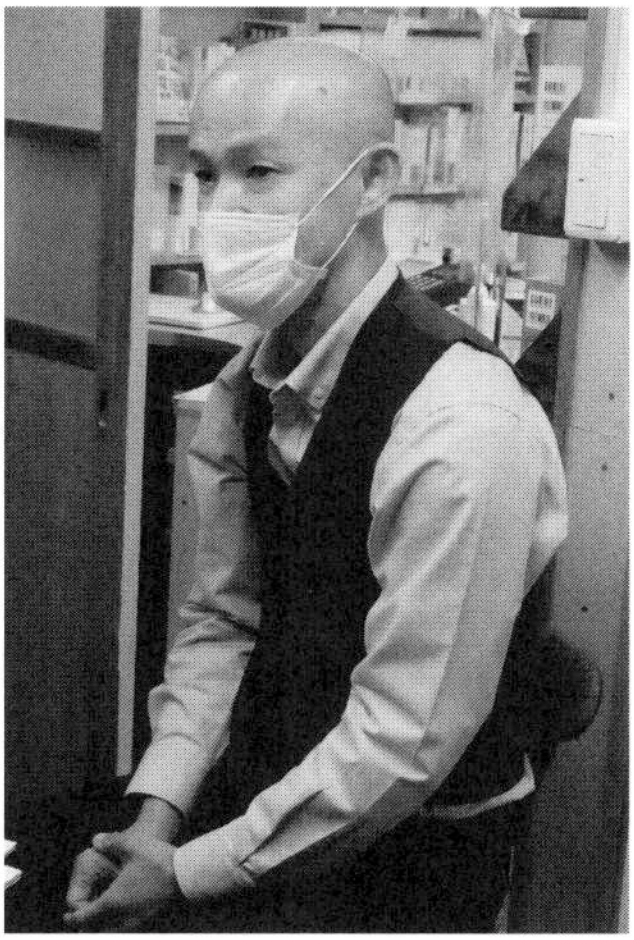

車を走らせて一日に二、三軒。それでペイできるのかというと、確かに割はよくないんだけど、そこはやろうかなと思っています。儲かる、儲からないじゃなくてね。

――やるべき仕事だと。

高木 やるべき仕事だと思っています。いまよのなかには購買弱者と呼ばれている人たちがいて、子どももそうだし、ご年配のかたにはインターネットを使うことができない人もいます。こうした地方にはありがちな話ですけど、若者がみんな外に出てしまうもんで、独居老人が多いんですね。

でも、そういう人ほど本を読みたいという意識が強く、雑誌を持っていくときなど「この本、新聞に載っていたからついでに持ってきてよ」といった注文が、チョコチョコ入ったりします。御用聞きじゃないですが……。

あとは「元気かな」という、安否の確認にもつながっている気がしますね。

――話し相手じゃないですけど、さっき店頭でお客さんと話し込んでいたような……。

高木 うん。朝は時間がないので、配達ではあれこれ話すような時間は取れませんが。

――ただ、いるなということを確認する。

高木 いるなって、もうそこだけですね。

――なんだか地域のケアマネージャーみたいですね（笑）。しかし配達や店頭販売にかか

わらず、そこまで深くお客さんに入り込んで、疲れるということはないのでしょうか？

高木　うちに来るお客さんはみんな、ほんと話好きなかたが多いんですよ。話が長引いてしまい、次のお客さんが来るまでずっと話しているような人もいる。それで一日が終わると仕事疲れというか、話し疲れて……

――話し疲れる。

高木　そんなこんなで、ああ、今日も終わったという感じで一日が終了します。いまは、都会も田舎もそうなんだけど、コミュニケーションを欲している人たちに溢れている。本屋はそういう人たちの受け皿になれるんじゃないかなという思いでやっています。

　いま世間では、無人レジの方向にどんどん進んでいますよね。でも私は本屋をやる以上、やはりコミュニケーションの取れる本屋でいたいと思っています。別にコンシェルジュとか、そうしたかっこいいことではないんだけど、何か本のこと、本を介してのコミュニケーションなら、いとわずに取っていこうと考えているんですね。その先になんとなく、地方でやれる将来の本屋像があるというのが、ここ二、三年やってみての感想です。

――接客は、これまで本屋がやってこなかったことだと思います。会社にもよるのでしょうが、それこそ余計なことはするなという扱い。そこに本を置いていれば、お客さん

が買っていくといった時代だったのでしょうけど。

高木　そうそう。

――ただ、自分で本を選べる人も減ってきて、無縁化した寂しいよのなかになってくると、場所を持ってやっている商売人の果たせる役割というのは、コミュニケーションにしかないのかなと思ったりもします。

高木　そうですね。会社員時代には「とにかく売れ売れ」という、売上至上主義がありました。でもそれは結局読者を見ていない、お客さんを見ていないということなんじゃないかな。お客さんとしっかりとした信頼関係を築いた上で、リピーターをつくっていかなければ、いまの本屋は生き残れませんよと、当時の社長とはかなり喧嘩をしましたけど……。

ここ掛川という街は二宮金次郎さんで有名なんです。二宮金次郎さん、のちの尊徳さんはいいことを言っていて、「道徳なき経済は犯罪であり、経済なき道徳は寝言である」と。だから道徳と経済、両方のバランスをとらなければ、何も成り立たないということなんですね。

まっとうな仕事って？

高久書店が、お客さんとしっかりした信頼関係を築いていることは、その注文の数にも表れている。この小さな店で、毎月雑誌の定期購読をしているかたが、なんと百人以上いるというのだ（ちなみにTitleで雑誌の定期購読をしているお客さんは二十人くらいである）。

高木　いま、この九坪のお店に、定期購読のお客さんだけで百人以上いるんですよね。このお客さんは、毎週あるいは毎月必ずお店に来てくれる〈顧客〉なので、店にとってはありがたい存在です。でもチェーン店で書店員をやっていたときは、定期とか、客注[※2]とか、嫌なわけですよ。

――そうでした。注文した本はいつ入るんだとか、いつまでたっても入らないじゃないかといったトラブルの元でしたし……

高木　トラブルの元だし、しかも店全体の売上で見たとき、定期や客注の売上は五％くらい

※2　店に在庫のない書籍や雑誌を、顧客からの注文に応じて書店が取り寄せること。

じゃなかったかな。だからチェーン店でいいお客さんというのは、お店にある本を勝手に探してくれるお客さんのことでした。

ところが高久書店ではその逆で、売上の三割から四割が定期や客注です。その感覚は自分で本屋をはじめなければわからなかった。でも、洋書や、取次[※3]からは入れられない直接取引[※4]の本といった注文を、この店に持ってくるお客さんのいかに多いことか……。そこにはいつも驚いています。つまりこういう田舎だと、チェーン店に難しい本の注文をしても、断られちゃうということなんだけど……。

――客注だと買ってくれることが前提なわけだから、受ければいいようなものですが。

高木 ほんとうはね。でも買い取り[※5]の商品だと、やはり抵抗があるようです。あとどこの書店でも問屋の在庫が見られるようになっていますから、それを見て問屋になければ「あっ、品切れですね」で終わっちゃう感じ。

――もう出版社に電話もかけない。

高木 そうそう。でも、どこの店も当然のことながら、一店舗に社員の店長が一人いるだけなんです。あとはみんなアルバイトさん。そうするとパソコンで調べて問屋の在庫がなければ、「品切れです」で終わっちゃいますよね。

洋書でも、国内在庫があれば一週間から十日で入る本もあるし、国内に在庫がなくても船便で一、二カ月待てば入る本もある。でも、そんな対応ができる書店員って、もうほとんどいなくなっていると思います。しかし大きな書店じゃなくても、わりと難しい話も含めて、本の話をしに来たいというお客さんはまだまだ多いんじゃないかな。

――高久書店にそうした注文が寄せられるということは、掛川にもそうした潜在的なニーズがあるということですからね。その点では、どこの地域でも同じだと思います。しかしそうした専門性を必要とするところに、われわれのような小さい本屋ができることもあるのではないでしょうか。

高木　チェーンの書店には、仕入部という部署がありますよね。私が勤めていた戸田書店では、現場でいちいちチェックをしなくても、取次とその仕入部に任せておけば主な本は送ら

※3　多くの出版社と書店とのあいだをつなぐ本の問屋、流通業者のこと。一般の書籍は、こうした取次ルートを経て書店に並ぶ。

※4　出版社と書店、または作家と書店が、直接本の取引を行う方法。通常、直接取引のほうが同じ本を売っても書店に入ってくる利益は大きいが、管理や支払いの煩雑さから、チェーン店では敬遠されがち。

※5　現状では返品を受け入れている出版社が多いが、専門書や医学系の出版社など、返品できないところもある。返品ができる出版社に慣れた書店だと、買い取りというリスクを冒さない傾向が強い。

れてきました。でも自分の本屋を開き、取次に見計らい配本[※6]を断ると、それだけでまあ忙しくなる。一カ月先に出る本を毎日チェックしながら、一冊ずつ注文することのくり返しなので、どんな本が出るのかに関しては勤めていたときよりも詳しくなりました。

しかし一日この場所に立っていると、来るお客さんの九割がたは常連さんで顔見知り。残り一割がはじめて来る人という感じになってきます。だから本の発注作業には自分の好みを一割入れたとしても、ほかの九割は「このお客さんはこの作家好きだよね。こういう題名好きだよね」という注文に変わっていきました。会社に勤めていたときは、そんなこと考えもしなかったのですが……

――でもそのほうが商売として、まっとうな仕事をしていると思いませんか？

高木　それはそうですね。

――それこそ見計らいで、どんな本が届くのかわからないままそれを売るほうが、本来おかしいわけで。

高木　自分でもアッと思ったのは、会社勤めだったときは、毎日五十から百梱包ぐらい荷物が届くわけですよ。だけどそのうち三十から四十梱包はまた返しちゃう。そこにはやはり違和感がありました。

いま、まっとうな仕事をしているなと思うのは、自分がお客さんのことを思って仕入れた本だけが入ってくるというこの状況に対して。それはミニマムな量ではあるんだけど、そんなに返品は出ないですよ。[※7]高久書店のような九坪くらいの店だと、やはり無理をした仕入れはしないもんで。

　店の売上や規模に見合った仕入れをしないと、お金はなかなか残っていきません。そうした意味で見計らい配本をやっていたら、いまこの店を続けていられなかった。どこかで請求のほうがオーバーしていたと思います。

　当然、本の利益率[※8]というのはまだまだ低いんだけど、それでも本屋をやるというときは、売上に見合った量の仕入れをして、自分で店に合った商品をあつらえるしかないと思います。やっている場所や来るお客さんによって店のかたちは違うかもしれないけど、根本にある考えかたは同じですね。

※6　書店が新刊本を発注しなくても、取次側で販売実績により納品する本を選定し、書店へ送る配本システム。本を選んで発注する労力がなくなる一方、店のニーズに合わない本が納品されてくることも多い。

※7　取次から送られた本の三割から四割が返品になっているといわれ、長年業界の課題となっている。

※8　取次から仕入れた書籍の利益率は、二十二%くらい。つまり千円の本が売れても、その書店に入ってくる利益はわずか二二〇円。

昭和２年に建てられた古民家を改装した店内には、
学習参考書やコミック、雑誌や一般書など約６千冊が並ぶ。

やっぱりもっと本を読んでもらおう

高木さんは書店員になる前、郷里の伊豆半島で学校の先生として中学生を教えていた時期があった。わたしはそのことを知る前から、彼のことを「先生みたいな人だな」と思っていたが、そのキャリアは高木さんが自分の書店を営んでいるいまも役に立っている。

――店に入ってすぐのところに、高校生向けの学習参考書が並べてありました。学生さんを意識した店づくりだと思いますが、いま彼らはどんな本を読んでいるのですか？

高木　どうでしょうね。うちに来る中高生は、参考書を目当てにやって来る子が多いんです。

――それは進学校だからということもあるのでしょうか？

高木　それもあるだろうし、ここに来ると参考書について何か教えてくれるという期待があるのかもしれません。塾に行けば塾の先生が勉強を教えてくれるかもしれないけど、実際には塾に行ける子どもたちばかりではないので、そうした子は本で勉強するしかないのですね。

たとえそれが参考書や問題集であっても、子どもたちを相手に「君はここまでわかっているんだね。じゃあ君にはこの本が向いているかもね」というところまでアドバイスする本屋って、あまりないと思うんだけど……。

――それはないでしょうね（笑）。

高木　それを私は言うというのかな。それが信頼につながっていると思います。

たとえばあそこに置いてある高校の参考書ですが、河合塾の「黒本」や駿台文庫の「青本」、それにZ会の参考書なんかは、特約店に入れてもらえなければすべて買い切りです。

高久書店は小さな店だけど、売上の実績を出したので黒本と赤本は特約店で、自由に仕入れと返品ができる。でも青本やZ会は交渉しても未だに特約店にしてくれないので、買い切りのままです。……ただ青本やZ会って、その本がないと高校学参の棚はつくれないという棚の核になる本なんですよね。

このシリーズがないと高校生たち読者は納得してくれないから買い切りでも置く。ただ最新版が出たときに、旧版と交換はしてもらっています。いまでは少し大きなチェーン店に行っても、Ｚ会や駿台文庫の本は棚にない店が多いんだけど、私はそういうところに本屋としての矜持を持ちながらやっています。それを読者は見てくれているというか……。

――高校生とはいえ、それは見ていると。

高木　高校生とはいえ、それはやはり見ている感じがします。先輩から後輩、後輩からそのまた後輩へ、「あそこは小さいけど、大学受験をするために必要な本がちゃんと揃っている」と口コミで回っているんじゃないかしら。それがひいては、地域の読者を育てていくことにつながるんじゃないかと思っています。

　高校を卒業すればみな地元から出ていきますよね。でも一度出ていった生徒が夏休みに帰ってきて、「おじさん、来たよ」とここに立ち寄ってくれる。そして高校生のときには買わなかったような本、たとえば小説や人文書を買ってくれたりして、そんなときには、おお、成長したなと思います。

――子どもたちにとっては高久書店が、地元でも気軽に立ち寄ることのできる場所になっているのですね。

高木　いま街なかで、子どもたちだけで行ける場所は少なくて、そうした場所が街にあるのは、彼らにとって大きなこと。いまの子どもたちは生まれたときから、知らない大人には挨拶しちゃダメ、知らない人と会話しちゃダメと言われながら育ってくるんだよね。つまりコミュニケーションを絶つようなことをずっと言われ続けているわけです。

でも高久書店では、朝、子どもたちが登校する時間に、窓やカーテンを開けた状態で開梱作業をやっている。そうすると「おっ、今日は『ONE PIECE』が出てるじゃん」なんて会話が外から聞こえてきて、毎日そこにある本屋の、そこにいるおじさんだから、適当に心を許してもいいのかなって思う子どもたちがたくさん現れます。

たとえば店内の本を読んだり、二階のスペースで勉強したりと、何回か店に来るようになれば、「あれ？　これって学校の先生や親には言わないよね」といった、自分が抱える生きづらさをポロポロッと言っていく子どもが増えてくる。だけどそういう子どもたちであればこそ、息抜きの場所を探していると思うんです。

――たとえ人と距離を取るように育てられたとしても、いまの子どもたちにしたって、誰かに聞いてほしい、ほんとうの気持ちを抱えているでしょうからね。

高木　二〇二二年の一月だったかな……。共通テストの会場になっていた東大農学部の門の前で、まだ受験生でもない高校二年生の男の子が、人を刺すという事件がありました。

――はい。

高木　彼は東大の医学部を目指していたけど、思うように成績が伸びず自棄になっていた。私が彼のコメントを聞いて思ったのは、もし彼が受験勉強だけではなくてもっと本を、それは漫画でもいいんだけど読んでいたなら、あんなふうにはならなかったのではということです。

読書離れとか、活字離れとか、世間ではとやかく言われているけどとんでもない。いまの子どもたちは活字をたくさん読んでいます。小学校からタブレットを渡され、ものすごい量の活字を読んでいるから、自分たちが子どものころには知らなかったようなことまで知っている。……なんだけど、その読書体験の中でいわゆる「物語」というのが少ないんですよ。絵本やライトノベルは読むんだけど、日本昔ばなしとかアンデルセンとかグリムとか、そうした古典的な物語は知らないわけです。

でもそうした物語の中には、人生のすべてが詰まっている。主人公や脇役がいて、苦難にぶつかってそれを乗り越えたり、乗り越えられずダメになってしまったり……。読んでいてびっくりするところもあるんだけど、いまは親世代も読んでいないですね。

だから東大の受験会場で事件を起こしてしまった男の子が、そうした物語を子どものころから読んでいたらと思いました。人の人生を疑似体験するものじゃないですか、物語って。それがないまま成長すると、僕の人生はこれしかないと思い込んでしまい、短絡的な行動にもつながってくると思うんです。だから結局「ああ、本屋の僕らがやるべきことってたくさんある。やっぱりもっと本を読んでもらおう」というところにつながっていくんだけど。

――物語は一人で読むものですけど、そこには友だちのように思い入れのある人物も登場するから、読むあいだは一人でありません。読む人の孤独を抱きしめてくれるといいますか。

よく「自己肯定感」という言われかたもしますが、自分が行き詰まったとき、それ以外のいろいろな生きかたがあるのは、書店の棚を見たらわかりますよね。

高木　そうそう。そうなんですね。

――物語を読んでいるあいだはそこに友だちがいるから、その本に夢中になっている子どもは、物語に励まされて生きていけるのかもしれない。でも、これが物語ではない〈情報〉としての文章であれば、他人と比べて俺はダメだという優劣の問題になる気がします。たとえそれがただの情報でも、自分の生きる力として役立てるには、やはり物語の力が大きいのでしょう。

高木　戸田書店で書店員になったとき、実は一年の腰掛けのつもりで入社したんです。当時はまだ中学校の講師という立場だったので、教員採用試験を受験するつもりでしたから。それが腰掛けにならなかったのは、やはり売場にいたときの、お客さんの反応が楽しかったからです。

「あなたが薦めてくれた本が面白かった」。そう言われることはこの上もないよろこびでした。でも自分の店をはじめてみると、会社員と違って週休二日の休みも有給もないし、決まった給料だって入ってこない。休んでしまえばそれだけ売上が減る状況の中、「毎日本に関わることだけやっている自分とは、何と不思議な人間なんだろう」といつも感じています。本と本屋の麻薬に侵されているだけかもしれないけど。

――でも結局ここに来て、先生と書店主という二つの道が、高木さんの中で一つになったのではないでしょうか。学生さんに勉強の仕方を教えてあげるという話もそうですが、寄り道や回り道をしながら、二つの道が無理なく一つの人格に収まっているように見えます。だからこうした学校に近い場所を選ばれたのかもしれないし、かつて先

生として教えていたことが、いまの仕事に活きているのではないかと思います。

高木　よく「大学で専門的な勉強をしたけれど、それが何も活かされていない」といった話も聞きますよね。辻山さんがいまおっしゃった言葉を借りれば、私の着地点は結局この場所だったんだろうなと思っています。

　いま、私が思うのは、定年のない仕事をしたいということと、死ぬ前日まで売場に立っていたいということ。それは書店員というよりも、いち本屋としてそう思います。

――「書店員」と「本屋」とでは、高木さんの中でどういう違いがあるのですか？

高木　それは生きかたとしての本屋と言えるかな。もうほんとに、生活そのものがどっぷりと本屋。

　最近思ったのは、戸田書店のころ、お客さんはその「戸田書店」という看板に向かってやって来てくれた。でも、いま高久書店に来てくれるお客さんは、高久書店という看板ではなく、みな「私」に向かってやって来る。それは店をやっていてひしひしと感じます。

　一つ例を挙げると、ここに来るお客さんの九割がたは常連さんなんですけど、私はそうしたお客さんほとんどとＳＮＳでつながっている。その結果、いま四六時中どこから本の注文が来るかわからない状況になっています。

――急にメッセージがとんできたり。

高木　ショートメッセージとか。

――電話番号も知ってるって（笑）。

高木　そうそう（笑）。でも、お店のアドレスやメッセンジャーなど、とにかくありとあらゆるところから、注文がバンバンとんでくるわけですよ。これって会社勤めの書店員では考えられないですよね。

――考えられないです。おそらく就業規則としてはNGでしょう。

高木　それをOKとするかどうかは店主次第かもしれないけど、このお客さんたちは私から買いたいんだと思えば、それはうれしいことですよね。これが会社で働く書店員であれば、ここまでは仕事の時間、ここからは自分の時間といった線引きがなされると思うんですけど、自営業には線引きがありません。

だから私は、生きかたが伴っているというのが本屋だと思っていて、もうそれでいいんだ、それが自分なんだと覚悟をするかどうかだと思っています。生涯本屋でいるという思いで会社を飛び出したので、そんなに高尚なことは考えていないけど、こうした小さな本屋でも食べていけることをまずは証明したい。そしてそれが証明できたのなら、ほかの地域で同じことがやれるかどうかも、やはり実証していかなければと思っています。そのためには人を育てなきゃならないというのが、いつも考えていることではありますね。

自分がやりたいからやっている、ただそれだけなの

——看板に掲げられた「走る本屋さん」という店名は、いまおっしゃられた、本屋を増やしていきたいという思いから付けられたのでしょうか。「高久書店」だけでも店の看板としてはいいわけですよね。でもそこにわざわざ「走る本屋さん」と入っているのは、そこに何かしらの思いが込められているからだと感じました。

高木　自分をこの世界に連れてきてくれたのは、やはり「走る本屋さん」の活動[※9]があったからです。走る本屋さんで行くのは、伊豆半島の先から、西は愛知県との県境、湖西市までの静岡県内。基本的にイベントには出店しないので、本屋のない市町村の学校などから、「走る本屋さん、来てください」という依頼があってはじめて伺います。でも、行ってみて思うのは、日本はこれだけ便利になり、システムやインターネットを使える都会の人たちにとっては快適な国になったけど、そうした世界と無縁の人たちにはこの上もなく恐ろしい国にな

※9　高木さんは前職の戸田書店に勤めていた時代から、自前でワゴン車を改装し、移動新刊書店を立ち上げていた。休日などを利用し、書店のない地域や学校まで訪れ、本を届けていたという。

りつつあるということなんですね。

――自分たちだけが孤島にいるような感じと言いますか……

高木　そうそう。だから「走る本屋さん」で伺っても、「これはなに？　図書館が来たの？」と言う人たちもいます。そのときは「いや図書館じゃなくて売りものの本です。新刊なんです」と言うところからはじめますが、子どもたちの中には書店を見るのがはじめてな子も多い。「それ触っていいよ、読んでもいいよ。別に買わなくてもいいんだよ。だからまずは本棚から出して読んでごらん」と言わないと、子どもたちは触ろうともしません。

そこに本屋がないという時点で、地方にはすでにハンデがあります。「おじいちゃんおばあちゃんに図書カードをもらったけど、それを使う場所がなかった」と言われたとき、ああ、いまの日本の地域格差にはひどいものがあるなと思いました。そこに住む親御さんが子どもに絵本一つ買ってやれません。

「走る本屋さん」で出張すると、「自分の住む町に本屋があったなら」とよく言われます。ただ、大体そうした場所では過疎化が進み、人口が一万人を切っていたりもするので、そこで本屋ができるかと言えばなかなか難しい。でも、それでも、何かやれることはあるんじゃないかと考えながら、これからもやっていくしかないと思っています。

だからそのためにも、自分の足がかりとなるこの店をしっかりと築き上げなければならない。まずはそれをやりつつ、本屋が地方で継続的にやれるためにはどうすればよいのかを考えていこうと思います。まぁ、私の生きているうちには無理かもしれないですけど（笑）。

――でも、そうした活動をしているからこそ、見えてくる景色もあると思います。高久書店で毎日起こっていることも、考えてみれば奇跡のような出来事でしょうし。

**　高木さんの活動を必要とする人は、必ずいるはずなので、それを誰かがやらなければならないのなら、本を売ることを好きな自分がやるしかないという……**

高木　そうなんです。結局私には、そんなに高尚な動機があるわけではなくて、ただ本屋をやることが好きで、好きな人が好きなことをやっている、そこに尽きるんですよ。

　でも、私の活動を見た人から、これはどういう思いでやっているんですかなどと、いろいろ聞かれてしまうので。

――聞かれるでしょ、それは（笑）。

高木　聞かれるんだけど、白状すればただ好きだからやっているだけです。人のためにやってますとか、理想を語ればいいんだけど、自分がやりたいからやっているという、ただそれだけなの。

――結果そのことが、まわりまわって誰かのためになればという。

高木　そうそう。それが自分の性格なんですね。結果として、それをうれしいと思ってくれる第三者がいてくれればありがたいです。ほんとに。

高木久直（たかぎ・ひさなお）

一九七〇年、静岡県生まれ。教職を経て、九八年に静岡・戸田書店のフランチャイズ企業に入社し、一年でリブレ菊川店の店長に就任。また、二〇一二年にスタートした静岡書店大賞の初代事務局長を務め、一六年には自前でワゴン車を改装した移動新刊書店「走る本屋さん 高久書店」を立ち上げる。一九年に戸田書店を退職し、二〇年、初の固定店を掛川市に開店。

3

自分の椅子を見つけた人 ❖❖❖ 市場の古本屋ウララ ❖❖❖ 宇田智子さん

この島の本屋になる

掛川から戻ってきてしばらく経ったあと、わたしはまだぼんやりとしていた。

「この受け取った〈ことば〉を、わたしはどうすればよいのだろう」

高久書店とTitleでは、置かれた状況も考えていることもずいぶんと違う。そしてそれはこれから行く店も同じに違いない。みなそれぞれの状況というものがあり、その中で自分の目指す商いを行っているのだ。

だがもちろん、無理に結論づける必要はない。いまはまだそう感じられないかもしれないけど、旅先で受け取ったことばを集めていくうちに、この仕事に共通すること、滲み出てくるものもまたあるのではないか。

わたしはそのように自分を納得させ、その瞬間を待つことにした――。

この旅は、基本的には全国の新刊書店をめぐる旅だが、その道すじを想像したとき、どうしても外せない古本屋が一つだけあった。

市場の古本屋ウララ。

那覇の国際通りからほど近い、第一牧志公設市場の真向かいにある「日本一狭い古本屋」に、わたしはなぜか古本屋というイメージを持っていなかった。だが、新刊書店というわけでももちろんなくて、言ってみれば道行く人に本を売る、ただの「本屋」。

宇田さんはもともとジュンク堂書店という、新刊本を扱う大型チェーンに勤めていたが、そこから独立してウララという店をはじめた。古本屋とはいっても、彼女に近しい気持ちを感じるのは、新刊書店の書店員だったということがあるのかもしれない。

実はこの旅の着想も、宇田さんが与えてくれたものだった。

以前わたしは、店頭の低い椅子に腰をかけ、道行く人に接客をしている宇田さんの写真を見たことがあった。わたしが自分の店にいるあいだ、遠く離れた南の島で、わたしと同じように本を売ろうとしている人がいる――その写真を見ていると、ものを売るということの商売の原点を思い出すと同時に、こうして本を売っているのは自分ひとりだけではないという、連帯にも似た気持ちが湧き上がってきた。

沖縄は遠いし、ウララには行ったことがなかったけど、写真で見る宇田さんはまさに一隅《いちぐう》を照らす人だった。彼女の座っている椅子からは、一体どのような景色が見えるのだろう。

「この場所でしか成立しない本屋になりたい」

著作[※1]のあとがきで、宇田さんはそのように書いている。そこで売られている本が新刊でも古本でも、宇田さんに関していえば、そこに大きな違いはないのだと思う。

市場とアーケード

十二月のよく晴れた火曜日。羽田空港を飛び立ち、眼下に房総半島と三浦半島が見えたと思ったら、そのあと目にするものといえばひたすら海と雲海しかなかった。那覇に行くのは二十五年ぶりで、そのときは鹿児島から一昼夜かけての船旅だった。その後、那覇から石垣、石垣から台湾の基隆《キールン》とフェリーを乗り継ぎ、いずれの航路も一晩のうちに目的地に着いたから、鹿児島から那覇までの遠さだけが、体感として強く残っている。

離陸してから三時間後、目の前に忽然《こつぜん》と現れた沖縄本島は、浜辺に打ち上げられたクジラのように、のっぺりとして見えた。

ほんとうにあったんだ……。

地図上では何度も見ているし、過去に一度は訪れたことがあっても、海の彼方《かなた》に島の姿を見たときには、やはり胸にこみ上げるものがあった。

空港からゆいレールに乗って街に入り、国際通りに出る。コロナ禍の前に比べれば人の数は少ないのだろうが、それでも外国人の観光客や修学旅行生で通りは賑やかだった。

アーケードのある市場本通りに入っても観光客の数は多く、アーケードが途切れ、そこだけぽっかりと青空が覗いて見えるその真下に、工事中[※2]の第一牧志公設市場があった。写真で見た昔の建物よりもずいぶんときれいだ。そして建物の向かいには、シャッターが下りている「市場の古本屋ウララ」の姿があり、ウララの右隣の店から先は、アーケードのある商店街がまた奥へと続いている。国際通りから続く一本道で、ウララのあるこの区画だけが、アーケードに護られていないのであった。

※1　『増補 本屋になりたい　この島の本を売る』（ちくま文庫）。
※2　取材時。新しい建物は二〇二三年三月十九日にリニューアルオープンした。三階建ての巨大な建物に、八十店舗以上が入居している。

「市場の古本屋ウララ」は 4.5 坪の本屋。
通りにはみ出すように本棚が置かれている。

ウララの話をする前に、まずは目の前にある第一牧志公設市場と、その周りを覆っていたアーケードについて語る必要があるだろう（先ほどからくり返し「アーケード」と書いていたのはそのためだ）。

——沖縄人の台所で、有数の観光地でもある第一牧志公設市場の旧建物が整備されたのは一九七二年。その後、市場を中心に多くの商店街が周辺へと延び、街は賑わった。しかし建物の老朽化が問題となり、整備から五十年近くが経った二〇一九年六月、第一牧志公設市場は閉場、いまも続く建て替え工事がはじまった（二〇二二年十二月当時）。

第一牧志公設市場と、向かいの「水上店舗[※3]」とをつなぐアーケードは、自立して建てられているわけではなかった。アーケードはそれぞれの建物を利用するかたちで屋根が張られていたから、どちらか片方の建物が建て替えになれば撤去せざるを得ない。しかしそれは長年アーケードに護られてきた商店街の店にとっては死活問題※4で、しかもこの度撤去されたアーケードは、かつて商店街の有志が作ったものだったから、市場の建て替え後、市や県が新しくそれを作ってくれるわけではない。こうした事実を前に、宇田さんも商店街の活動に深く関わらざるを得ないようになり、本業の古本屋をやりつつアーケードの存続にも奔走する、忙しい日々を過ごすことになった――

それを知っていたから、店の前で久しぶりに宇田さんと会った際、まず口をついて出てきた言葉も「アーケード」だった。

「アーケード、ほんとうに店の前で切れていますね」

「そうなんですよ。ちょうどまんなかあたりで」

その少し前に、菊池さんも合流していた。この日はこれから近くの喫茶店に移動して、宇

※3　「市場の古本屋ウララ」のある通りは、昔ガーブ川という川が流れていたが、川を暗渠《あんきょ》化し、その上に現在の商店街が建てられた。こうした成り立ちでできあがった店舗のことを、水上店舗と呼んでいる。

※4　沖縄は台風など雨風の日が多く、商店街にある店のほとんどは路上にまで売り場を拡げている。だから商店街の店にとってアーケードは必要不可欠であった。

田さんの話を訊くことになっていたが、その前にシャッターを下ろしている店内を、少しだけ覗かせていただくことにした。

市場の古本屋ウララでは、通行人の行き交う通りにまで、はみ出すように書棚が並べられ、そのはみ出していた棚は、閉店時にはすべてシャッターの内側に収納される。半分は建物内にあるお店、半分は露店に近いといえばよいだろうか。シャッターの中にひっそりと収められていたのは、沖縄関連の本が中心だったが、少し視線を移すと、外国文学や随筆など、落ち着いた印象のものが多かった。おそらくこのあたりにある本が、彼女の根っこといえる本なのだろう。

「それでは、ご案内しますね」

そう言って宇田さんが連れていってくれたのは、サンライズなは商店街にある「コーヒーハウスぽえむ」という名前の喫茶店。観光地化されているわけではなく、地元の人の憩いの場という感じの店だったが、内向きな入りにくさはなく、明るい雰囲気の場所だった。

本に関心のない人に、本を売りたい

——まず、店をはじめられたきっかけについて伺います。宇田さんがまだジュンク堂那覇店の書店員として働いていたとき、いまウララのある場所で古本屋をしていた「とくふく堂」さんが閉店する話を聞き、その後継者として手を挙げられたのですよね。

宇田　はい。

――これはわたしの勝手なイメージかもしれないけど、今日実際に通りを歩いてみて、店のある場所が宇田さんの落ち着いた雰囲気と違ったので意外に感じました。お祭りのように賑やかで、外に対してオープンに開かれていて……。

宇田　それはほんとうにそうなんです。路地裏にひっそりとあったり、人があまり通らない場所でやっているほうが古本屋らしいとは思うんですけど。でも店をはじめるとき、そうした賑やかさに対してあまり抵抗がなかったのですね。

――どちらかというと面白そうじゃん、みたいな？

宇田　そうですね。あまり深く考えていなかったというか、そのときは東京から那覇に来てちょうど二年経ったころで、しばらくするとまた東京に戻ることになるんだろうなと考えていたから……。

――そのころはまだ、沖縄に転勤で来た会社員でした。

宇田　はい。でもその二年のうちに沖縄のことを知ったかというと、まったくそんな気はしませんでした。あの大きな建物の中にいると、ふだんつき合うのは出版社の人。もちろん地元の出版社のかたともつき合うけど、東京にいたときとくらべて、そこまで大きく生活が変わっていないような気もしました。

もともと沖縄がすごく好きとか、そういうわけでもなかったんです。でも、せっかく沖縄まで来たからには、もう少し何かやりたいという気持ちがありました。会社を辞めて何かするなら、わたしは本屋しかやったことがないから、結局本屋になってしまう。でもそのときは、新刊書店は無理だと思っていたので、そうすると古本屋かなという……。

ジュンク堂に来るお客さんは、みな本を目的にやって来る人たちなので、それをどこかもの足りなく感じていましたが、商店街はその逆だったから、これは面白いのではないかと思ったんです。この通りはわたしの通勤していた道で馴染みもあったし、独特な場所ではないかと感じてもいた。それで実際、とくふく堂さんの椅子に座らせてもらったら、ほんとうに賑やかだし、いろんな人が来ていて驚きました。

店主の宇田智子さん。

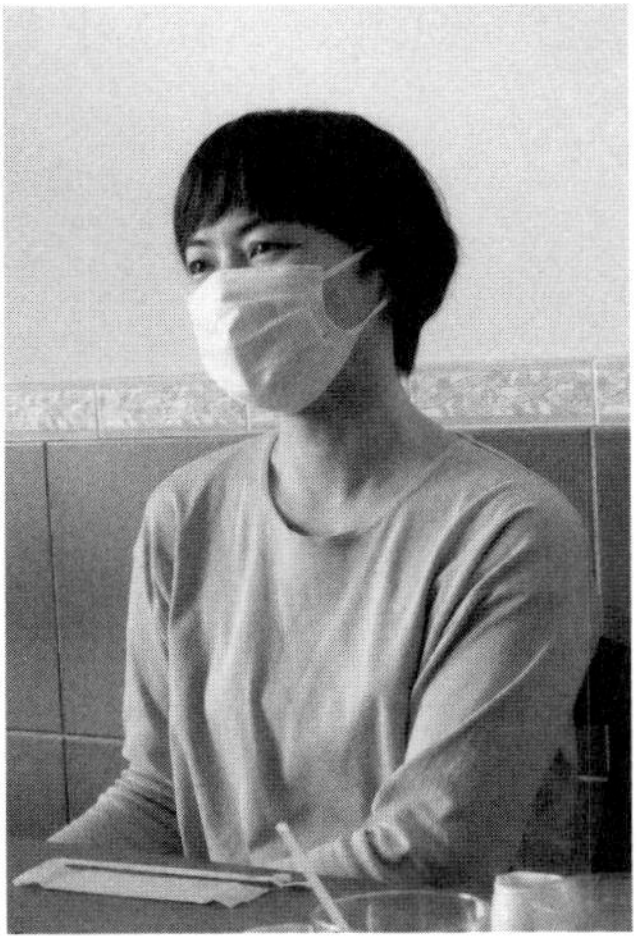

——ウララをやる前から、いま店から見えている風景を見ていたのですね。

宇田　はい。でも不思議と嫌だとか、うるさいとは思わなかったんです。その時点ではまったく気にならなかったというか、むしろ人が大勢いるから、商売がうまくいくんじゃないかと考えていました。だから店をはじめてからですね。これはちょっと賑やかすぎると思ったのは（笑）。

「国際通りはどちらですか」とか、「沖縄そば屋さんはどこですか」とかひっきりなしに尋ねられますし、わたしが店をはじめたころからインバウンドを含めた観光客が増えてきて、勝手に写真を撮られることが増えました。店にも入らず、遠くからこちらにカメラを向けて写真を撮り、そのまま立ち去って行く人がたくさんいて……。そのころのわたしは心を閉ざすことも多かったですし、お客さんが来ても、いまよりこわい顔をしていたと思います。

——はい。

宇田　でも、新型コロナウイルスが流行りはじめると、そうしたお客さんがバッタリといなくなって、急に通りが静まりかえりました。そうすると、「ああ、やはりお客さんがいないと店ではなかった。あの賑やかさがあったから、はじめて店もあったんだ」ということをあらためて感じて……。本屋が目的のお客さんだけではなく、たまたま通りかかった人が少しでも何かを買ってくれることで、この店は成り立っていたということを再認識しました。

――いま宇田さんがおっしゃった、お客さんに対する相反する思いというのは、わたしにもあります。もちろん来てくれるのはありがたいけど、それでもあからさまに「見に来ました」という態度を取られると、思わず心を閉ざしてしまうこともありますよね。

でも自分もどこかに行けば、同じような行動をしていたかもしれないし、そこからはじまる関係だってあるから、気持ちに折り合いをつけるようにしています。慣れることはないけどそのくり返しですね。

宇田 そもそもわたしには、ふだん本屋に来ないような人に本を売ってみたいという気持ちがあったから、そうした意味ではうまくいっているのかもしれません。本にあまり関心のないお客さんが、ほんとうに来てくれているわけなので。

――そこにウララがなければ、そのかたたちも本を買うことはなかったかもしれない。本というものの存在すら、忘れていたかもしれないですよね。

宇田 そう。通りを歩いている人からは、「こんなところに本屋があるんだ」という声を、それこそ毎日聞くんですけど、誰も本屋があるとは思っていない場所に店があって、そこには沖縄の本が並んでいる――それがわたしのやりたかったことだと、このコロナ禍の期間、あらためて実感しました。

——店を閉めていた期間は長かったのでしょうか。

宇田　緊急事態宣言が出ているときは閉めていました。すごく悩みましたが、来ないでと言われている保育園に子どもを預け、無理に店を開けても、そんなにお客さんが来るわけではないし、ウイルスを持ち帰ってしまう恐さもあります。詳しくは忘れましたが、合計で百何日か、かなりの日数を休んでいました。

沖縄は観光客がたくさん来る場所なので、ほんとうに〈最前線〉。感染症はそれまでの価値観をひっくり返したというか、市場は人と人の距離が近いのがいいと思われていたのが、それがある日を境にダメだと言われて……。

あのときはなぜここで店をやっているのか、くり返し考えました。みなさんそうだと思いますが。

この街に鍛えられた

——でも、そうした複雑な思いを抱えながらも、この場所でやりたいという気持ちも強くなってきたのでしょうか？　開店してから、もう十年以上は経っていますよね。

宇田　そうですね。

――開店は二〇一一年でしたっけ。

宇田　はい。最初は何もわからずはじめましたが、すごく面白い場所だったんです。市場もそうだし、商店街も面白くて。ただ、自分にはずっと、お客さんのような気持ちが心のどこかにありました。まず外から来ているし、やはり本屋は、ほかの店とは違うところもある。

　実は市場の建て替えという話になったとき、最初の時点では移転も考えていたんです。アーケードがなくなったら、この場所ではもう商売にならないかもしれないから。

　そんなある日、東京で往来堂書店※5の笈入建志《おいりけんじ》さんとのトークセッションがあり、市場の建て替えの話になりました。笈入さんから「それで宇田さん、どうするんですか」と訊かれたとき、「わたしはそこに座って、これからも市場を見ていようと思います」という言葉が自然に出てきた。あっ、わたしはそう思っていたのかと、自分でもそのときはじめて気がついたんです。

――そこが、いかに大切な場所であるか。

宇田　多くの人が関わった、五十年前の建物が目の前で建て替えられることなんて、わたしの人生でおそらく一度しかないし、それをこんなに至近距離で見ることができる機会もふつうはない。だから「見ておこう」と考えたのですが、いざ当事者として関わってみるとこれが大変で……。アーケードの活動など、本業をおろそかにして取り組まなければならないことがたくさんありました。

でもそうした活動をはじめてみると、ここはみんなの努力で続いてきた場所なんだと、身に染みて感じるようになったんです。いまウララが入居している「水上店舗」が建ったのも、むかし川がよく氾濫してみなが困っていたから。川を暗渠にして、その上に建物を建てようと、何百もの人たちがお金を出し合ったおかげです。通りはいつも賑わっているし、アーケードもあたりまえのようにそこにあるけど、そのために頑張ってきた人たちがいたからわたしはいまここで商売ができている。そのことにやっと気がつきました。

そう考えると、わたしもそのバトンを受け取って、この場所を続けていきたいと思うようになったんです。「好き」というのともまた違う、たまたま居合わせたからやるしかないという気持ちですが。

――でも、それでちょっとホッとしたところもなかったでしょうか。それまでは、外から来たという見えない壁があったのかもしれないけど、何か大きな出来事が起こり、そこに自分が当事者として関われることが、実は少しだけうれしかったり……。

※5　一九九六年、東京の千駄木と根津のほぼ中間、不忍通り沿いにオープンした書店。ジャンルではなくテーマや内容によって本を陳列する、「文脈棚」を手掛けた先駆けとしても知られている。

宇田　そうですね。確かにそれまでは、同じ通りにいても、全然話をしない人もたくさんいたんです。それが、市場やアーケードの問題が起こってからは、みな夜集まって話をするようになりました。コロナでお客さんが減って暇だから、通りにぶらぶら出てきて井戸端会議をしたり。みんな何だか仲良くなりましたね（笑）。

商店街の集まりでも、みな商売人だからすごくシビアにお金の話もしています。それを聞いて、自分にはそういう視点がなかったなと反省もしましたが、わたしは書類を書くことならできるので、その技術が商店街に活かされたときは、素直によかったなと思ったり。

――自分に役割ができた。

宇田　そう。いままでも周りの人たちからは、「本屋って気楽でいいよね」とか、「好きなことやってていいね」と言われるんです。でも前よりは、みんなに近づけたかなと思います。たとえば「昔こんなことがあったんですよ」と、本に載っていた昔の市場の写真を見せると、「あっ、そうだったんだ。知らなかった」と驚かれます。そうしたことを通じて、本屋が商店街の中にある意味を、少しでも周りの人たちが見直してくれればと思います。

もちろんみんなが過去を振り返りたいわけではないし、記録することに意義を見出すわけでもありません。本屋にいると、歴史を知ることや記録することはいいことだと無条件に思ってしまうけど、そんな自分が呑気すぎた気もします。なぜ歴史を知ったほうがいいのか、どうして記録しなければいけないのかを説明できないと、みんなには納得してもらえない。
やはり、本屋だけでは世界が狭かった。わたしは路地裏でひっそりやるよりも、ほかの人に揉まれてやったほうがよかったんだと、いまでは思っています。

――街に鍛えられた。

宇田　そうですね、はい。

――でもこうしたオープンな店だと、常にむき出しで外と接しているわけですよね。それはそれでなかなか大変なことだと思うけど……。

宇田　ただ閉ざされた店だと、もしこちらで困るような人が入ってきたとしたら、そのときはすべて自分で対処しなければならないですよね。でもここでは、そうした人がいたとしても、周りのみんなが助けてくれるんです。だから、いつも誰かが見てくれているという点では、かえって安全なような気もします。

――そういう安心感はあるかもしれないですね。扉のある店では、その中で喧嘩が起きたり、誰かが怪我をしたりといったことが起きても、閉ざされた空間での出来事になってくるから、店主の人間力が試されます。

宇田　辻山さんも「孤独」って書かれていましたよね。自分で何でも決められるけれど、それは同時に孤独でもあるというのは、わたしも店をはじめて痛感することです。でも商店街ではメンバーの一人になれるので、それが新鮮な体験でもありますね。ときには揉めたりもするけど、自分だけで決めなくていいのは、ちょっと肩の荷が下りるところもあります。

――商店街には何店舗ぐらいが加盟しているのですか。

宇田　商店街はすごく複雑で、いくつもの会が重なり合っていて、わたしの店も四つの組織に入っています。いまアーケードを建て替えようとしているところは、十数店舗くらいでしょうか。その少ない中で、いろいろなことを話し合いながら進めています。

沖縄の古書組合にも、同じようなことを感じます。二カ月に一度集まって、お互い本の売り買いをしていますが、みな顔もわかっている、よく知っている人ばかり。「模合《もあい》[※6]」という制度もあります。

もちろんライバル同士ですが、みなこの世界のことをいろいろ教えてくれて、日常のことまで助けてくれます。実際に店をはじめてみると、一人だからこそ、そうしたつながりが大切なんだと思いました。それがなかったら、やはり辛いことも多かったでしょうね。

本が身近にある沖縄

もともとは文学が好きだった女性が、ひとり内地《ないち》からやって来て、沖縄の商店街で「ひょっこり」古本屋をはじめた。周りには食料品や衣料品を扱う賑やかな店が多く、観光客には好奇心からカメラを向けられもする。その状況にいまでも慣れたわけではないだろうが、そうした環境が彼女の可能性を広げるきっかけにもなっている。宇田さんは遠い沖縄に、自分の〈椅子〉を見つけたのだ。

宇田さんはいま古本屋をやっているけど、古本は新刊と違って、好きな本を自由に仕入れることはできない。彼女にとってそれは、ストレスにはならないのだろうか。

宇田　実は仕入れがいちばんの悩みです。新刊は基本的には、注文すれば欲しい本が入ってくるし、店まで届けてくれるけど、古本はお客さんの家に買いに行くなど、こちらから動かないと仕入れられないことが多い。たとえ買い取ったとしても、そこに欲しい本がない場合だってあります。

それでも最近では、偶然入ってきた本を、「これが今日のウララの本です」と言えばよいのかなと思うようになりました。もともと本屋は、誰でも受け入れる開かれた場所であるは

※6　沖縄地方特有の、金銭的相互扶助の習慣。グループ内で一定の金額を出し合い、まとまった金額を順番に受け取る。沖縄では、毎月誰がお金を出し、受け取ったかを記す「模合帳」も販売されている。

ず。店の広さは限られているから、本は選ばざるを得ないんですけど、あまり店主が選びすぎないように気をつけています。「これは嫌いだから置かない」とか、そうした理由で外すことはできないのかなと思って……。

とくにわたしの店の立地では、漫画やビジネス書など様々な本を、多くの人が探しに来ます。もちろん応えられないことも多いのですが、「それはうちにはありません」とすぐに言わず、応えられる限りは応えたい。店のスペースには限りがあるけど、近くのジュンク堂を案内したり、ほかの店を調べたり、何かできることをしたいという気持ちがあります。

――考えてみれば、宇田さんの本のタイトルも「本屋になりたい」でしたよね。古本屋ではなく、もちろん新刊書店でもなくて、ただの「本屋」。宇田さんの中で「本屋」とは、広く本に関わることを仕事にするといったイメージでしょうか。

宇田　そうですね。単に店があって本を並べているだけではなくて、この本は図書館にありますと調べることもそうだし、本を書くことやつくることもそこには含まれます。……でもそこに人が訪れることのできる、本のある場所をつくりたいということが、わたしの場合いちばんかもしれないですね。

――わたしも、場所があってこその本屋だと思います。いま、新刊の仕入れルートも増えているから、新刊書店と古本屋の垣根はだんだんなくなっています。いまを広くカバ

ーするのが新刊書店だとしたら、時間軸を遠く過去までさかのぼり、本の世界の奥行きを見せるのが古本屋。それを掛け合わせると面白い店が生まれますね。

宇田　はい。いま新刊書店の店頭にある本は、広い本の世界でいえばそのわずか一部じゃないですか。だから古本屋のほうが可能性は開かれているなとは思うんですけど、あまりにも開かれすぎていて、自分が対応し切れていないという悩みもある。

以前わたしは、「もう本はたくさん出ているのだから、これ以上出す必要はないのでは？」と思っていました。でもこれだけ多くの人が生きていて、様々なことも起きているのだから、いまでは本は出し続けなければならないと思っています。だから古本屋であっても新刊本を置きたいし、沖縄で出版された本を自分の店でも売ってみたい。

――沖縄では、地元の出版社が作っている本のことを「県産本」[※7]と言いますよね。宇田さんのウララも、新刊や古本にかかわらず、この県産本が在庫の半分近くを占めていました。沖縄出身ではない宇田さんにとって、県産本はどのような位置づけになるのでしょうか？

※7　年中行事や料理、音楽など、独自な文化が育っている沖縄では、沖縄の中だけで流通している本が数知れずある。宇田さんが数えただけでも、沖縄にある出版社は、百社を超えていたという。

宇田　自分がどうしてこの場所で店をやるのかを考えたとき、この街に暮らす人や、ここに来る人に向けての本を置きたいという気持ちがありました。

わたしがこの場所で本屋としていられるのは、沖縄の本があるからだと思っています。店を実用書や文芸書だけで成り立たせるのは難しいけど、沖縄戦の本や昔の那覇の写真集には、人を立ち止まらせる力がある。お客さんが本の前に立ち止まって「自分の家が写っている」とか、いろいろなことを語ってくれたり……。

もちろん沖縄の人たちがみな、沖縄に関する本を読むわけではないけど、それを必要としている人は確実にいます。「自分で本を書きたい」という人も、ほかの県より多いような気がする。よく「自費出版をしたいんだけど、どうしたらいいの」と訊かれたりもしますが、本を出すことが特別な行為ではなく、もっと身近にあるように感じます。

――もともと本の持っている「伝える」「残す」という役割が、目に見えてわかりやすい土地なのかもしれないですね。

宇田　そうですね。沖縄では、話している言葉も、部落ごとに違うといわれるんですよ。残そうと思わなければ、そうした言葉も消えてしまうものかもしれないし……。

わたしはもともと本というものに対し、どこか遠くの偉い人が書いたものという感覚を抱いていました。それが沖縄に来ると、自分のすぐ近くに本の著者がいて、本が身近なものとして感じられたのです。もともとは読者だったかたが「次は自分も書こう」と著者になっていく――そうした一連の流れを見ていると、本はそのくらい身近にあってよいものなんだと思うようになりました。その中に入って本を売ることは、やはり面白いですね。

――本と本屋が、生活の近くにある。少しうらやましい気がします……。話は変わりますが、宇田さんは東京のことは気になりますか？　ご自身は沖縄で店をやっていて、扱っている本もこの島のものが多いんだけど、本土ではいまどういう動きなんだろうとか……。それともここはここで世界が完結しているから、そんなには気にならないのか。

宇田　いや、気になりますね。やはり県産本を除けば、ほとんどの本は東京から来ているわけなので。いまどんな本が出版され、それがどのように売れているかはいつも気になっています。でも、それがだんだん想像できなくなってきて……。

――ずっとここにいるうちに。

宇田　そう。東京にももう三年ぐらい行っていないのですが、新刊書店に行くと、どの本も東京の人向けにつくられていると感じるようになりました。それまで東京でつくられた本は、全国に向けての本だと思っていたんですけど、見ていると「沖縄では通用しないんじゃないかな」と思うものもたくさんあって……。

沖縄戦や昔の那覇の写真集など、
在庫の半数近くを占める沖縄の「県産本」。

ジュンク堂の那覇店で勤めていたときも、担当をしていた人文書の売れかたが東京と違っていました。東京ならもっと売れたはずだと思ったりすると、では、この本を読む人とはいったいどんな人たちだったんだろうと、あらためて考えてしまいます。

――わたしは出身が神戸なのですが、関西に帰省すると、同じ人文書でも歴史や古典など、昔からあるような基本図書が力を入れて売られているように感じます。これが東京だと、もっとSNSで話題になっているような書き手の本が前面に出されるんだけど、それとは少し違いますね。

だから本は、それぞれの土地での売れ筋や売りかたがあってしかるべきだと思います。そうした意味でやはり沖縄は独特だし、〈本〉というものの根本的な性格が現れている気がします。

一隅を照らす

――宇田さんは、常に路上の人と接しているように見えますが、それがわたしとの大きな違いで、わたしはお客さんがレジまで来ないときはずっとパソコンの前で作業をしているから、特にお客さんを見ているわけではありません。でもそれは、自分の世界に閉じこもっていることでもありますよね。宇田さんには店でパソコンを見ているイメージがないなあ。

宇田　でも、わたしも店で調べものをしたり、書きものもするので、パソコンは見ています。わたしはよく、自分の文章に「歩く人を見ている」って書くんですけど、それは嘘で、ほんとうはあまり見ていないんですね。

――嘘だったんだ（笑）。

宇田　正確に言うと「聞いて」います。音は自然に聞こえてくるから、人の声は聞いているけど、ずっと見ているわけではなくて……。もともと静まりかえった場所があまり得意ではなく、家にひとりでいるとすぐワーッとなってくるので、休みの日も喫茶店に来て、書きものをしています。

――外で書くのですね。

宇田　はい。人がいたほうが落ち着くんですね。だから店は少しうるさすぎるけど、理想的かもしれなくて、誰もいないよりはいいなあと思っています。自分ひとりだけだとそこには自分の言葉しかないから、外にいてほかの音が聞こえてくるほうが、心がほぐされるような気がします。

――なるほど。あと宇田さんの書いた文章を読むと、「店で座っています」といったように「座る」という言葉がよく出てきて、それがその土地に根付いているもののように感じられました。そうした言葉にも、会社員で働いていたときとは違う自分になったことが表れていると思うのですが、それについてはいかがでしょう？

宇田　書店員ってまず座らないですよね。ずっと座らないというか歩き続けていたので、はじめはこんなに座っていていいんだろうかと思っていたんですよ。でも通りの店主たちを見てもみな座っているから、最初は「わたしもとうとうここで座る側になったんだな」という感慨がありました。わたしはここに座って見ているんだという気持ちがあるから、いつも「座る」と書くのかもしれません。お客さんはどんどん動いていく中で、自分だけがそこにとどまっているような感じもあって、それが「根付いている」ということかもしれませんね。

ほんとは立ちたいんですよ。最近座りすぎて運動不足だから（笑）。高いテーブルにして、立って作業しようかなと思ったりもするんですが、あの小さな店でわたしが立っていると威圧感がありますす。なるべくひっそりと、目立たないようにしていたいと思うので……。

でもチェーン店だとレジの人はみな立っていますよね。なんで座らせてもらえないのかな。

――座るとさぼるから（笑）。

宇田　いや、足も疲れるし、大変じゃないですか。

――確かに。でも雇われている人で、店の中で座って作業をしている人ってあまり見ないというか、いない気がするなあ。

……実はこの旅は、宇田さんが店の前に座って接客をしている写真にインスピレーションを受け、はじめたところがあります。その写真を見ていると「一隅を照らす」という言葉を思い出したのですね。それを見ているだけで、宇田さんと同じように、日本の様々な場所で本を売っている人がいると想像できました。

一隅を照らすとは、もともと最澄の言葉らしいんですけど、そのことを宇田さんに感じた。

宇田　えっ、最澄を感じる（笑）。それはすごいですね。

――伝教大師感がある（笑）。それは冗談だとしても、それぞれがいまいる場所、自分の与えられた場所でやれることをやる。いま、ここにいるのは偶然かもしれないけど、宇田さんの言葉を借りれば、そこに居合わせた者として役割を果たすというか、それが一隅を照らすということではないかと思います。

宇田　照らしているのかな……。一隅であることは確かだと思いますけど。

――一隅であることは確か。そうそう。その光が強いとか、弱いとか、それは人それぞれで違いますが、そこにいるだけでも照らしているとは思う。だってそこにいるのだから、人肌の熱は存在するという……。

宇田　うーん、なるほど。でも、それはわたしだけではなく、周りの人みんなそうですよね。

――ほんとうはみな、全員がそうなのだと思います。

宇田　ほんとうに……。そう、シャッターが全部閉まっている光景って空っぽだったんです。世界が空っぽになってしまったみたいな気持ちになって。

たとえお客さんがいなかったとしても、店主たちはいつもそこにいたのに、その人たちもいないというのはほんとうにはじめての光景だったから……。人がいないと、この場所はこんなに空っぽなんだなと思いました。

だからいま、そこに人がいるありがたみがわかったような気がします。あれを見たことで。

宇田智子（うだ・ともこ）

一九八〇年、神奈川県生まれ。二〇〇二年にジュンク堂書店に入社、人文書担当。〇九年、那覇店開店に伴い異動。一一年に退職し、同年十一月十一日、「市場の古本屋ウララ」を開店する。著書に『増補 本屋になりたい　この島の本を売る』（ちくま文庫）、『市場のことば、本の声』（晶文社）、『すこし広くなった　「那覇の市場で古本屋」それから』（ボーダーインク）ほか。一四年、第七回「（池田晶子記念）わたくし、つまりNobody賞」を受賞。

4

ほっとけない
みのるさん

❖❖❖

長谷川書店

❖❖❖

長谷川 稔さん

ゆっくりとしたひと

一隅を照らす――

遠く離れた場所だからこそ、その言葉の持つ意味がしみじみと身に染みた沖縄であった。

それぞれは小さな光だとしても、その場所にあたりまえのように存在し、その地に溶け込んでいる本屋が、全国にたくさんあるのだろう。そうした意味でもう少し肩ひじ張らず、ふつうに仕事をしている人の話は訊けないだろうか？

もう十年近く前になると思うが、長谷川書店水《み》無《な》瀬《せ》駅前店（以下、長谷川書店）には、一度だけ訪れたことがあった。伺ったのは大阪にいい店があるという評判を聞いてのこと。店内を見てみると、乗降客もわずかな私鉄駅の駅前にある小さな店の本棚に、見たこともない、だが本好きの心をくすぐる本が無造作に並べられている。長谷川稔さんというかたが、この店の品揃えを担当しているそうだが、あいにくその日は不在であった。それで本棚から二冊[※1]を選び買って帰ったが、並びの詳細は忘れても本棚を見たときの静かな興奮は忘れがたく、いつまでも心に残っていた。

その後長谷川さん本人とは、スタンダードブックストア[※2]で行われたトークイベントの際に知り合うことができた。できるだけ目立たないようにしていたいという物腰が印象に残る、どこか素朴でゆっくりとした人。そして静かにニヤーっと笑っている……。これがあの本棚をつくった長谷川さんなのか。

そうしたことも憶えていたので一度しっかり話を訊いてみたいと思い、取材依頼のメール

※1　堀秀道、中沢新一、奥泉光『石はきれい、石は不思議　津軽・石の旅』（LIXIL出版）と、山尾三省『新装アニミズムという希望　講演録 琉球大学の五日間』（野草社）。長谷川書店では、身体性について考えさせるような本が多い。

※2　「本屋ですが、ベストセラーはおいてません。」をキャッチフレーズに、二〇〇六年心斎橋にオープン。その後店舗は天王寺に移転し、二〇二三年閉店。現在、新店舗を探している。

を出したのだが、しばらく経っても返事が来ない。ちゃんと届いているのか心配になったころ、彼のほうから返事が来た。そこには遅くなったことを詫びる文章があったあと、次のように書かれていた。

「お力になれるなら、インタビューなどはお手伝いできたらと思うのですが、お返事が遅くなったように、考えることや、響きあうものを自分のなかから拾い上げることに時間がかかる性質で、関わる方をよく困らせています」

それに続けて、「ぱっと思いつく僕の傾向」として、

・数字のある経営の話はできません（計算は伯父がやっています）

・僕にとってはリアルですが、ファンタジーと言われそうな世界観もでてくると思います

・二時間でうまく話せないかもしれません

と箇条書きで書かれていた。

面白いではないか。

文章の端々から、長谷川さんがなぜ自分を取材するのかということに対し、少し戸惑っているようにも感じられたので、返事にはそのあたりのことも書き添えた。

「この度は取材を受けていただき、ありがとうございます。（中略）先にお伝えしておきます

と、長谷川さんのお話を訊こうと思ったのは、かなり前に伺ったときの、店内の品揃えに共感したから。そして吉田亮人さんが写真を撮った『はたらく　本屋』という本が、とても印象に残っていたからです」

『はたらく　本屋』とは、長谷川書店の一日を、写真とやさしい文章で綴った写真絵本のこと。装丁家の矢萩多聞さんが主宰している、アムブックスというレーベルから出ている一冊だ。本の中で長谷川さんは「みのるさん」として登場し、その品出しをする姿、お客さんと話す姿、レジカウンターの中で黒パンを食べる姿など、どのページを見ても「いいなあ」と思わせる場面が続くのである。

　勝手にそう思うのは傲慢なのだろうが、わたしはその写真を見て〈ふつう〉のよさを感じた。これまで話を訊いた高木久直さんや宇田智子さんは、本の世界ではそれぞれ名の通ったかたたちである。だがほんとうは、「本を売る」という日々の仕事そのものに光る瞬間があり、よろこびがあるのだ。

　それは言葉にするのは難しいけど、長谷川さんとならそれができるのではないか。

はたして長谷川さんからはその後よい返事が届き、閉店一時間前の午後八時から、店内でインタビューを受けてもらえることになった。

阪急水無瀬駅の構内にある「長谷川書店水無瀬駅前店」。

独自に進化を遂げた生態系

長谷川書店は京都と大阪の県境、阪急京都線・水無瀬駅の駅前にあるが、もともとは水無瀬から少し大阪よりの高槻で、稔さんの祖父が興《おこ》した店である。書店は読売新聞の販売事業を経て開業、その後店舗数を増やし、現在では北摂地域に四店舗[※3]を構えている。この水無瀬駅前店は、大阪府島本町の駅前に商店が集まりだしたころ、書店出店の要望を受け島本店として出店し、以後、駅前周辺で数回移転をしながら、いまある姿に至っている。

現在の長谷川書店全体の経営は、祖父の息子である三兄弟（稔さんの父である修《おさむ》さんと、修さんのお兄さんにあたる勝《まさる》さんと勲《いさお》さん）で行っている。稔さんは大学卒業後しばらくふらふらしていたが、やがて家業を手伝うようになり、かつて長谷川書店が行っていたゲームソフトの販売店を経て、二〇〇六年から書店の仕事をするようになった。いま稔さんのいる水無瀬駅前店の店長は、三兄弟の長男にあたる勝さんだが、「兄弟の中で最も早くから書店業に携わり、とにかくよく働く」この伯父さんから、稔さんは本屋の仕事の一切を教わったという。

水無瀬の街を歩いてみると、京都に近いこともあるせいか、口調の柔らかい人が多いことに気がついた。谷崎潤一郎も小説『蘆刈《あしかり》』の中で、「なだらかな丘と、おだやかな流れと、それらのものを一層やんわりぼやけさせている夕もやと、つまり、いかにも大和絵《やまとえ》にありそうな温雅《おんが》で平和な眺望」とこの地のことを評しているが、土地からして「なだらか」「おだやか」「やんわり」しているのだ。

水無瀬には、「離宮の水」※4という名水が流れていて、事前に調べた情報では、近くにある昭和湯という銭湯がこの地下水を使っているらしい。ここはぜひとも入りたいところだが、実

※3　水無瀬駅前店、津之江店、南松原店、長谷川広文館。

※4　後鳥羽上皇ゆかりの「水無瀬神宮」で汲むことができる。近くを流れる水無瀬川の地下水が用いられ、同じ水が、サントリー山崎蒸溜所や、島本町の約九割の水道水にも使用されている。

は待ち合わせの時間も迫っている。そこで菊池さんに電話をして、これから銭湯に入りたいので待ち合わせの時間に少し遅れる旨を告げた。

そう話すと彼は少しのあいだ黙ってしまったが、そのあと「仕方ありませんね。ゆっくりどうぞ」とだけ答えてくれた。いい人だ。はたして昭和湯のお湯は、混じりけなしのミネラルウォーターに浸かっているような、少し硬いが直接肌にまとわりついてくる、これまで体験したことのない肌触りで驚いた。

風呂上がり、夕方の冷たい空気でほてった体を冷まし、菊池さんと合流して店に入る。菊池さんは「僕も入りたかったなあ」とつぶやきながら、店の外観をパチリと写真に収めた。長谷川さんがいたのでご挨拶し、インタビューの前に店を見せていただくことにする。

本棚を見ているうちに、二人ともだんだん口数が少なくなっていく。

いやいや、これはすごい……。

そう広くない二十五坪ほどの店内には、ところ狭しと本がぎっしり詰められている。その棚が何のコーナーであるかは明示されておらず、昨日出た新刊の隣に、数年前に品切れになっているはずの本が突然並べられているなど、ドキリとさせられる本棚だ。地域の人に求められる雑誌やコミックの新刊などももちろんあるが、そのすぐ近くには、何かいわくがありそうな、ほかの店では見かけない本が宝探しのごとく発見できる。

前回来たときのことは、詳しくは思い出せないが、そのときよりも明らかに「育っている」と感じた。大阪と京都という大都市に挟まれたエアポケットのような場所で、どこの店にも似ることなく、独自に進化を遂げている生態系のようだ。

店にあるのは本だけではない。視線を上にやると、「本は猛毒注意せよ」とか、「いったいいつになったら終わるのか、とずっと思ってた」など、惹句なのか感情の発露なのか判別のつかない言葉がいくつか、手書きの短冊でぶら下がっている……。

「よく、これだけの本を集めましたね」

長谷川さんに店を見た感想をつぶやくと、彼は、「いや、人はすぐに飽きるものだから……」と少し照れながら話し、「まぜごはんばかり食べさせられると、たまにはきれいなお膳で白飯を食べたくなるものですよ」と続けた。

ぽかんとしてそこに立っていると、長谷川さんは「そろそろはじめましょうか」と言って、売場の奥まったところにある児童書コーナーの前に、椅子を無造作に並べはじめた。お客さんが来るかもしれないけど大丈夫？　と思っていると、「いつも来客があると、ここでこのように話しています。アットホームでしょ」と笑った。

それでいいのだ。

長谷川さんとの話は菊池さんのほか、長谷川書店でアルバイトをしている奥村亜紀さんにも横で聞いていただいた。

僕は平積みが苦手

――先ほども話しましたが、今日あらためて店を見ると、店内がほんとうに「育っている」といいますか、よくこれだけ本を集めたなと感銘を受けました。以前長谷川さんが受けたインタビュー[※5]を読むと、自分ではあまり本を読まず、ただお客さんの求める本を探して置いているだけといったことをおっしゃっていましたが、それはいまでも変わらないのでしょうか。

長谷川　そうですね。やっていることは確かにその通りです。店の品揃えに影響を与えているのは、ここに来ているたくさんの人。たぶん僕の持っている性質として、ほかの人から何かを受け取り、その手伝いをするみたいなことが根っこにあるのだと思います。だから店に関わる人が多くなると、そこにいろいろな意味が生まれたりして……。

お客さんって一人一人パーソナルなことはまったく違います。その違いに優劣をつけず、

ゆっくりとしたひと、
長谷川 稔さん。

僕の言いかたからすると「それぞれの人と一緒にやる」かたちで店をつくっている。全部共同作業だと受け止めてやっているので、僕にとっては全員参加者で、先生でもあります。だから、店のモデルというのはどこにもなくて、お客さんに動かされ、自分も動いて、店をつくっていったという感じですね。

――「動かされ」というのは、たとえばお客さんが本を買うと、「あっ、こういうものが欲しいんだな」ということがわかり、それが次の仕事にもつながりますよね。そのほかにも、長谷川さんが動かされるものってあるのでしょうか？

長谷川　まあ、人が遠くでしゃべっているのも、僕は全部聞いてますけど（笑）。人にすごく関心があるので、「あそこにいる女の子は、ほんとうはこんな気持ちやったんやな」と、それぞれの心の声にいつも気持ちが向いています。でも、自分の気持ちを言葉にできない人もたくさんいるし、言葉にするのがすごく遅い人、強くしか出られないけどほんとは違うことを思っている人など、店にはいろいろな人がやって来る。そんな様々な声から動かされて、その人と一緒に本を探します。結局答えはその人の中にあるから、僕はそこに行くのを手伝えたらという……。

※5　石橋毅史『本屋な日々　青春篇』（トランスビュー）に収録。インタビューは二〇一二年に行われた。

でも、それもなかなか悠長な話ですよね。ただ本を買いたいだけかもしれへんのに（笑）。だからそんな人には、「ただ買いたいが、その人にとっていちばん心地いいこと」と思って、そういう速さでサッと流します。

――そうすると、本棚づくりもありますが、長谷川さんの中では、接客という仕事がかなりのウエイトを占めていることになりますね。

長谷川　お客さんとのコミュニケーションは大きいですね。僕は一対多数というのが苦手なんです。そのことをあまり想像できなくて、たとえば一人が十人を前に話すスピーチのようなかたちでは、僕は心の受け渡しができない。だから、本を平積み[※6]して、それをたくさんの人に売るという売りかたも下手くそなんです。

よく仕事仲間から、「平積みや面陳列で売場をつくってみたら」と言われたりもしますが、いま目の前にいる人にしか、うまく対応できない。

――はい……。店を見ていると、それがとてもよくわかる気がします。店にある本はどれも一冊ですよね。

長谷川　そうですね。

――もちろん雑誌などは別ですけど。でも、発売したばかりの新刊や面白そうな本でも、「一冊」で並べられています。これがふつうの本屋であれば、たとえば売れている新

刊であれば、五冊とか十冊とか、店で売れそうな数を平積みするけど、そういえばそれがないなと先ほどから思っていて……。

長谷川さんがいまおっしゃったみたいに、十冊平積みするというのは、一対十といった抽象的な数の話になります。でもそれは人を個別に見ているわけではない。そういうこともあって、一冊ずつ並べられているのかと納得しました。

長谷川　平積みにあこがれはあるんですよ……。あこがれがあって平積みにはしてみるんですけど、ここに来るお客さんは本を積んでいると買わない（笑）。減らすと買うんです。

自分でも思ったのは、本がその人にとって複製ではなく、一冊一冊固有のものとしてあること。これが自分の一冊なんやと、その本単体に出合っているようにも見えるので、棚に一冊だけ出して残りはストックにしまっています。在庫がたくさんあってもストックに置いている。売れたらそのつど出してくるというのを、延々としていますね。

――なるほど。

長谷川　僕がどうこうというよりも、お客さんがそうなので仕方がない（笑）。

※6　本を棚の中に一冊ずつ並べるのではなく、台などの上に複数冊積み上げる陳列。同様に「面陳列」とは、表紙が見えるように立てかけて置く陳列のこと。

——店に来るお客さんの九割以上は水無瀬、島本町のかたですよね。店内には、歴史小説や雑誌、コミックなど大衆的な本もありますが、本好きが手に取りそうな本がかなりの割合を占めています。そういった本もこの近くに住むかたは買われるのでしょうか？

長谷川　買う人がね……、並べると、います。最初僕が店に入り、わからないなりにこの仕事をはじめたときから、全力で可能性のほうにかけ続けているんですよ。お客さんを低く見ないというか、見くびらないようにして。

　本を用意するのは僕やから、できるだけいろいろな本を手に取れるようにしたいと最初のころから思っていました。もちろん二年置いて誰も買わなかった本があるように、空振りすることもたくさんありますけど、あるときを境に、あれ？　三万人ぐらいの小さな町でも、こんな本を買う人いるんやと、様々なかたが来てくれるようになる。でもそうなるには、すごくねばらないかん。時間をかけると、「この品揃えやから、こんな珍しい本もあるかもしれない」など、自分の気持ちがいつからか伝わっていく感触がありました。

——ずっとこちら側からの働きかけだったのが、あるときからそれがようやく「共同作業」になっていったというか。

長谷川　そうですね。でも、そうした珍しい本に限らず、一人でも多くそうしたことができたらいいなと思って、幼児から誰から、すべての人に聞き耳を立て、「あんた何好きよ」という感じでそこにいます。

　コミックや、子ども向けの読みものの選書は、自分にはない感性でやらなければいけないから、ときどきは怖がられないようにして「これ、面白いの？」とか、声をかけやすそうな子に話しかけます。あっ、ここに先生がいたという感じで。

――子どもこそ先生。

長谷川　そんなとき彼ら、彼女らは、うれしそうな、すごくいい反応を見せてくれますね。でも、年齢が上がっても、本屋にいるときのお客さんの表情は、あまり子どもと変わらない気がします。

――「あった！」というときの顔とか。

長谷川　そう。そんなときの顔……。うれしそうに自分の物語を話す人もそうですけど、結局人って、子どもも大人もそんなに変わらないんやなと思います。

自分をちゃんと使い切る

　長谷川書店がどこの店にも似ていない、独自に育った生態系に見えたのは、一人一人の求めに向き合い、その人との「共同作業」を行った結果なのだとよくわかった。インタビューのあいだ長谷川さんは、自分のことを「品揃えに特化したマシーン」だと語ったのだが、長谷川書店は長く続いてきた家業でもある。彼はそう遠くない将来、自分が店の経営を任されることがあるかもしれないとは考えないのだろうか。

長谷川　……それはそうなんでしょうけど、僕はもともと、明日はないくらいいまを全力で生きている人間なので……。もちろん経営ということも頭の片隅にはありますけど、いまはまだ伯父とその兄弟でやっているから、あまりそのことを考えないようにしています。
　あと、三つくらい上のいとこが、別の店を切り盛りしています。経営のことは、彼のほうが僕より向いていそうなので、僕はそれをサポートするようになっていくんじゃないかと、なんとなく想像はしているんですけど。

――それぞれ役割みたいなものがあって、最終的には落ち着くところに落ち着くのかもしれないですね。長谷川書店の場合は、親戚も含めた大きな〈家〉全体で、そのときある店を運営してきたように見えます。時代によってどんどん状況も変わってくると思うので。

長谷川　そうですね。いい意味でなるようにしかならない、その時々で必要な要素を見つけてやっていくしかないと思っています。親の代ももう歳を取ってきているので、いつか動けなくなる日のことは考えます。でも、いまのところ本屋以外のことをしようとは、思っていないので……。

――そうなったときには、そのときいる者みんなで、なんとかしようと。

長谷川　これまでも長谷川書店は、店を転々と移動したり、広げたり潰したりしながら、アメーバのように生き延びているんですけど、いつでも身動きが取れるよう、持ち家ではなく家賃を払って、かたちを変えながらやっています。それを見てきたので、今後も本が売れなければ、また何か違う動きをするかもしれないですね（笑）。

――長谷川さんが子どものころ、もう長谷川書店はありましたよね。店にあった絵本や大人向けの本を読んだりはしましたか。

長谷川　小学校低学年のころまでは、母も好きだった絵本を与えてもらっていましたね。父は本を読まないけど、母は好きでした。働きはじめて絵本を見たとき、「あぁ、この本持ってる」って思い出した。でも幼少期以降は、本というか、ものを読むこと自体をまったくしなくなって……。

――絵本以降、本に触れることがなかった？

長谷川　はい。たぶん僕、文章の認知が下手なんやと思うんですけど、読むこと自体が苦手なんです。学校の勉強もやってて苦しかったですし、読解力もすごく低くて……。資料や説明書を見ても、すぐには把握できなかったりと、ものを考える速度がすごく遅い。そんな感じだと生きていくあいだ、ちょっとしんどいときがあるんですよね。

あと、父が働く姿を見ることもほぼなかったので、本には関心を持たずに育ちました。

――では、家業である店にもあまり行かなかったのですね。

長谷川　ほとんど行かなかったです。小さなときには、店で両親を待っている時間はあったけど、そこが本屋だという認識はなかった。

――なるほど。長谷川さんは高校や大学のときに、何かやりたいことがほかにあったのでしょうか。

長谷川　そのころは何をしたらいいのかわからずで……。楽器を触ったり、もっと子どものころまでさかのぼると、絵を描いたり、テレビや外遊びも好きやった。

あと、ちっちゃい子どもの面倒をみるのが好きだったから、子どもの世話をする仕事か、何かデザインをするような仕事ができないかなとぼんやり考えていました。でも、それに向かって何かするでもなく、最終的にこの店に転がり込んできた。

――長谷川書店に入った当初は、ゲームソフトを売っていたのですよね。

長谷川　むかし島本店（二〇一三年閉店）の隣にあった、ゲームセンターが火事でなくなり、その後通りかかったゲームソフト販売店のフランチャイズ営業のかたに、社長がつかまったのがきっかけです（笑）。それで、「あいつ、いま何もしてへんのやろ」と、大学を出たあと就職もせずにいた僕に声がかかりました。

――それがいくつぐらいのときですか。

長谷川　二十五のときです。研修一日だけで、いきなり店長。

――長谷川さんは、ゲームは好きだったんですか。

長谷川　ゲームが好き……。ゲームは小学生のときから、やったあとに焦燥感が来るので。

――ああ。長い時間やっていると、来ますよね。

長谷川　「いったい、この時間何やってたんやろう」って。僕、あれが嫌いすぎて。
　ゲームは面白いけど、面白いだけでは僕は嫌やねんなということはずっと感じていました。それはいまの仕事にも通じていて、面白いことをあまり望んでいないですね。それに興味がないというか、あまり時間を使っていたくはない。

――じゃあ、何に興味があるんですか。

長谷川　えっ？

――ただ面白いだけでは嫌だとすると、自分がこれに時間を使っていたいというのは。

長谷川　うーん、生きることですかね。一所懸命生きることに尽きますね。

――一所懸命生きる……。たとえば感情をいっぱいに動かすなど、そのようなことでしょうか？

長谷川　そうですね。でも、一所懸命生きるというよりは、自分をちゃんと使いたいんです。自分が道具だとしたら、ちゃんと使って終わりにしたいということをずっと思っている。たぶんそれだけを求めて、いまこうして仕事をしています。本屋だと、いろいろな人が向こうから来てくれて、僕を使ってくれますよね。それが自分のいちばん役に立つかたちというか……。

――自分のやるべき仕事と出会った。……長谷川さんは二十五歳でゲームソフト販売をしていたときの自分よりも、本屋をしているいまのほうが、よりよく生きられている感じはしますか。ずっと自分らしいところに向かって、生きていこうとされているように見えますが。

長谷川　本屋だったというのは間違いなく大きいですね。本屋では、いろいろなかたちで求めがある。自分もそれに応えていけるものがあるというのは、僕にとって、生きる上での歯車になっていると思います。

ちょっと説明することが難しいですけど、ほかの人にはわからない、なんとも言えない思いを抱えて、みなさん生活をされていますよね。それが明らかに〈悩み〉という感じではなくても、何か気になること、考えておきたいこと——みなさんの持っているそういう思いが、本屋の中では自然にこぼれてくるというか……。

——人が一冊の本を選ぶということは、その人の正直な心の発露なのでしょうね。わたしもなぜ人が本屋に来るんだろうと考えるときはありますが、それぞれ対象は違っても、その人がよりよく生きたいからだと思っています。そして誰かのそうした気持ち、ことばにならない求めが、そこに置いてある本と自然に結びつく。本屋ってそういう場所なのかなと思います。

長谷川　ウロウロしていたら、自分の気になっていることに対しての答えが、リトマス試験紙みたいに、勝手に返ってきたりとか……。それが「この店やない」ということであっても、すごく答えやと思いますね。

平和で小さな光景

——いま、お店を家族でやられていて、休みはちゃんと取れているんですか？

長谷川　休みは取れるんですよ、取ろうと思ったら。取るかどうかは個人の判断ですね。

——週休二日。

長谷川　いや、一日休むかどうか。……これ、いろいろ違反してたらダメですけど、いま一緒に働いているうちの伯父、休みないんですよ。五十年くらい（笑）。すごないですか。

――えーっ！　それはすごい（笑）。店は元日も開けるのでしょうか？

長谷川　前はやっていたけど、最近ではさすがに閉めようかって……。このところは元日だけ休んでいるんですけど。

――それはなぜでしょう。本屋というのはいつでも開いているものだという考えなのか。

長谷川　伯父は高校生のときから店を手伝っているので、もう仕事していることがあたりまえのようです。だから、「休みもらってどないすんねん」といった、休みが楽しいという発想ではない。それを見てきたこともありますが、僕も仕事をやっているときがいちばん自分を活かせていると思っているので、別に休みたいという気持ちが起こらない。体が疲れたから休みたいという理由が挙がるぐらいで。

休もうと思ったら、いつでも休めるんです。長谷川書店は交替制で、うちで働いてくれている人も何人かいるから、みんなにはいつも助けられている。

――じゃあ、ちょっと長い休みを取って、何かしたいとかは特にない？

長谷川　好きなことはいろいろありますけど。僕、そうしようと思えばいくらでも怠惰に過ごせるし、だいたい何してても楽しいんで。……でも、もうそういうの、ときたまやってく

店内にちりばめられている、
「惹句なのか感情の発露なのか判別のつかない言葉」。

るぐらいで十分です。好きなことさせてもらって、いまいちばん楽しいことをやっているんで、休みあげるからどこか行ってこいとか言われても、いやもう十分ですという。

――満たされている。いいですね。たとえば長谷川さんは、朝から晩までお店にいる中で、何をやっているときがいちばん楽しいですか。

長谷川　それ、難しいな……。でも、何事があってもなくても、今日も平和でよかったなという人たちが店にいてくれたら楽しい。子どもが親とゴチャゴチャ言いながら、やったーとか言ったりして……。それを見ているときがいちばん楽しいですね。

――書店の中を人が行き交い、それぞれの人たちの人生があることを自分が感じ

られている、そういったことでしょうか。

長谷川　そうかもしれない。そんなことですね。店に来るみなさんの人生が、そこそこうまくいっていたらいいなというのをいつも願っているんで、それが見ていられたらいい。……僕、望む世界があるんです。さきほど言った、平和で小さな光景というのが僕の望んでいる世界なんですけど、そうした世界の実現が、僕のいちばん根っこにありますね。実はそれをかなえようとして働いていることに、いまちょっと気づかされました。

『モモ』のような書店

長谷川　いま世界は、間違いなく困難な方向に向かって進んでいると思うんですけど、おそらくこれだけ愚直というか、淘汰されつつある働きかたには、ますます価値があると思っています。これから人間にとって必要な仕事の一つにできないかな、なるんじゃないかなと思って。

――それは本屋がということですか。

長谷川　そうですね。本屋にはそういうところがあるんじゃないかな。すごく効率悪いし（笑）。何がほんとうに必要かを考えたり、煮詰めたりする場所はすごく大事やと思うんで。

——そうですね。人が顧みなくなった価値は、いまたくさんあると思いますが、実際にはそれが人を人たらしめているものでもありますよね。誰かがそれを守らなければならないし、結局人は、そこに戻っていかざるを得ないと思います。人間性を削って生き延びようとしているいまの社会では、本屋という効率の悪さも、それがかえって求められているものなのかもしれません。

長谷川　たぶん本屋は大丈夫じゃないですかね。

——（笑）大丈夫な気がしてきました。

長谷川　人は、自分が持っている人間性に、最終的には抗えないかなと思います。まあ、何の根拠もなく楽観的にですが。

——でもすごく力強い。……菊池さんからも何か質問はないですか？

菊池　僕は東京の生まれで、ある出版社で仕事をしたあと、いまいるスタジオジブリ出版部に来ました。でも、編集者として本をつくるあいだ、いまお二人が話をされていたような「あたりまえのこと」をやっていたかなと思って……。

　本をつくることって、そもそも自分が読みたいと思えるような本をつくり、つくったからには一所懸命それを売るというまっとうな仕事だったと思うんです。でもいつの間にかそれを忘れ、働いている目的も変わってしまって……。それを自分でも辛く感じているのだけど、なぜ辛いのかはわからない——それは編集者に限らず、周りを見てもそんな人ばかりな気がします。

でも、自分をまっとうに使いたいという望みって、考えてみればあたりまえのことですよね。それができれば自分が満たされるけど、満たされること自体を忘れてしまっている。東京で編集者をやっていて、僕はそのことをよく感じます。

——それは自分だけではなくて、周りにいる人を見てもそう思うのですね。

菊池　はい。それでも最近では、少し楽になりました。仕事に過剰な自己実現や自分の自意識は必要なくて、結果として誰かに、何かを差し出せればいいと思えるようになった。……あたりまえなんだけど、気づけなくなっている気がします。「生活」というものがあることを。

長谷川　何かに追われてね。

菊池　まあ、『モモ』[※7]のような話だとは思うのですが。

——『モモ』は、時間どろぼうの話ですよね。この本の表紙には、壁一面に時計がずらりと並んでいる絵が描かれていますが、わたしはこの時計が本でも同じことだなと思っていました。本は、その一冊一冊に固有の時間が流れていて、それを開けばいつでもその時間に入っていける。それこそお金で取引できるようなものではありません。

楽しいなと思ったり、時間を忘れて夢中になったりすることの対象は、人によって違います。だから長谷川書店が一冊一冊固有のものとして本を並べていることは、ほんとうにここは循環する時間を感じさせる店だなと……。まさに『モモ』を体現しているような店。

長谷川　お金のような価値を追いかけず、大事なことをただひたすらやっていればよいという「夢」みたいなことを、僕は人にはほとんど言わずにきました。でもそのうち出会った人たちに、それを肯定されはじめて……。
「ほんとはみんなそう思ってるのやろ」と、僕の中ではどんどん自分の考えが補強されているんです。やはりそういうことが大事だと、これからもますます調子に乗って言っていこうと思います。

――ああ、いいですね（笑）。

長谷川　最初に言いはじめたころは、「こいつ、何夢みたいなことを言ってんねん」としか

※7　ドイツの児童文学作家、ミヒャエル・エンデの作品。子どものために書かれた童話だが、鋭い現代批評ともなっており、経済を優先させて成り立つ現代社会は、まさにエンデが予想した「ふきげんな、くたびれた、おこりっぽい顔」をした世界になりつつある。

思われなかったし、力や速さにしか興味のない人たちに交ざったときには、「えっ、誰ですかきみ？」といった、あからさまな態度を取られることも多かった。

――そう考えると、歳を重ねるのもいいものですね。いま長谷川さんも、なかなか自分の気持ちを言えずにきたとおっしゃられましたが、若いころって自分だけがそう思っていると悩みがちだから。

もちろん現実の厳しさや、商売をして生きていかなければならないことはあるにしても、自分が大切に思っていることはそのまま思っていていいんだという自己肯定も、歳を重ねるとできるようになる。自分に正直にいられる自由は、捨てがたいことだと思います……。

インタビューのあと、わたしは夢を見ているような心地で店を出た。それは思いもかけず『モモ』の話でわかり合えたことが、少し関係しているのだろう。

ぼんやりと改札を抜け、電車を待っているあいだ、わたしは長谷川さんがメールに書いていた言葉を思い出していた。

「僕にとってはリアルですが、ファンタジーと言われそうな世界観もでてくると思います」

各駅停車の電車が、夜のホームにゆっくりと近づいてきた。扉の開くプシューという音に、わたしは現実へと引き戻された。

長谷川 稔（はせがわ・みのる）

一九七四年、大阪府生まれ。大学卒業後、倉庫でのアルバイトを経て、九九年に長谷川書店ゲームソフト販売店の立ち上げに参加。同店の店長を務める。二〇〇六年、長谷川書店水無瀬駅前店に異動し、以降、書店員として働く。

コラム 1

旅の合間に

ボールを投げ込む相手

「東京にいると、わからないことってありますね……」

長谷川書店でのインタビューのあと、余韻に包まれた阪急電車の中で、菊池さんがそのようにぼそっとつぶやいた。

「僕、ショックだったんです。沖縄で宇田さんにインタビューしたとき、彼女が『東京でつくられた本を見ると、どの本も東京の人向けにつくられているように感じる』とおっしゃったじゃないですか。僕も東京で本をつくっていますが、そんな意識がなかったからほんとうにびっくりして……」

そうなのだろう。わたしも宇田智子さんの言葉には、ふだん〈東京〉という恵まれた環境で商売をしているうしろめたさを指摘された気になった。わたしは神戸という地方都市の生まれだから、心の底では、いま全国に広がりつつあるうら寂しい景色のほうに、どこかシンパシーを感じている。もちろん東京での商売にも、その場所なりの難しさというものがあって、とりわけ家賃と人件費がほかの街に比べ高いこと、商売上のライバルが多いことは、その最たるものだと思う。

でも少しくらいニッチなことをやっていたとしても、それで商売が成り立つほど人の多いことは、東京で店をやる上での大きなメリットだろう。わたしのTitleという店は、住宅地の中にある小さな本屋にしては、発行部数の少ない人文書や海外文学、地方出版物などもとり揃えている。そしてその品揃えは、読者の数がわずか千人という本であっても、東京でやっている限りは、その人たちがわざわざ来てくれるだろうという仮説によって支えられている。これが掛川であれば、水無瀬であれば、同じ本を仕入れたかどうかはわからない。

しかし考えてみれば、わたしもふだん〈東京〉というつかみどころのない街の名前を意識して店をやっていることはなくて、Titleを中心とした半径数キロというローカルな世界に向け何ができるか、いつもそのことを考えているだけだ。

だがその「半径数キロ」という世界も、まだ大きすぎるのかもしれない。

「辻山さんは誰を喜ばせたいと思っていますか」

最近受けたインタビューの最中、fuzkue[※1]を経営する阿久津隆さんからそのような質問があった。「どのような人をお客さんとして考えているか」を問われた質問だったと思うが、そのときは少し迷ったあと、「うーん……、目の前にいる人ですかねぇ……」と答えた。しかしそう言ってしまうと、自分でもそれしかないのではないかと腑に落ちるところがあった。

「探していた本があった」「美味しいコーヒーに心が和らいだ」など、いま目の前にいる人に喜んでもらい、来たときよりもいい気持ちになって帰ってもらう――店の本分はそのくり返しである。情報がたちどころにSNSで伝わってしまうよのなかだが、いま目の前にいる人が〈お客さん〉であることには変わりがない。どこにいるのかわからないふわふわとした〈消費者〉めがけて、どうしてボールが投げられるだろうか。

　そして目の前に立っているお客さんは、情報の宝庫でもある。昨日来たあの人は何の本を買っていったのか。彼女はどんな服装をして、Titleでなければほかにはどんな店に行くのか――雑談に出た店の名前から、そこに通っている人のライフスタイルが、おぼろげながらに浮かび上がってくる……。

　そのようにして集まってきた具体的な情報は、会議室の机の上でマーケティングされた読者像とは異なるものだ。わたしは、そしておそらくこの旅で出会うことになる書店主は、そこに向かい、振りかぶってボールを投げ込む。

　それは、目の前にいるお客さんを信じるということだ。

店に集うお客さんもまた、同じ時代の空気を吸い、そこから何事か感じ、考え、目に留まった本を開こうとしている。彼らこそが「先生」で、その感情にシンクロすることで、次に取るべき行動は決まってくるだろう。そしてそうした具体的なお客さんの後ろには、より多くの潜在的な読者がいるから、彼ら・彼女らの存在によって、店はどうにか続いていくものなのだ。

おそらく、わたしがふだん接しているローカルな東京と、話に語られがちないわゆる〈東京〉とでは、重なっているところもあるが多くは別の世界なのだろう。だからいま商売をしている場所がどこであれ、目の前に来た人を手掛かりにその場所を掘り進めていくしかない。そこで必要とされている本、必要とされているサービスは、その場所により変わってくるから、それをよく見て対応していくのが、我々のすべき仕事なのだと思う。

人と出会える場所

本が売れない時代だとは言われながら、本をつくる人・買う人が一堂に会する大規模なブッ

※1　初台、下北沢にある、本を読んで過ごすことに特化した「本の読める店」。該当のインタビュー記事はこちら→

クイベントは、年々増える一方である。その代表格である文学フリマ[※2]に出店していたある作家は、イベントのあと次のように話してくれた。

「すごい人でしたよ。もう全然身動き取れなくて……。並んだ人はだいたい買ってくれた感じですね」

彼女は出版社からも著作を何冊か出している人だが、その一方で本を自由に作って売る自費出版の活動も続けている。文学フリマやＴＡＢＦ[※3]のようなブックイベントでは、そうした一般流通しない珍しい本を、作家本人から直接買うことができる。ただ本を買うだけではない、人と人とが出会う体験を求めて、多くの人は会場までわざわざ足を運ぶのだろう。

だがそれを聞いて、わたしはこうも思う。

本はもう、イベント会場のような熱気のある場所でしか、売れないものになってしまったのだろうか？

イベントの規模こそ異なるが、Titleも二階がギャラリーになっており、展示中の作家が在廊するときなど、本や作品がいつもよりよく売れる。

「えーっ。昨日までこの本、まったく売れなかったのに……」

お客さんはそのとき、作家本人と会い、高揚した気持ちのまま本を買うのだ。それはもちろんありがたい話だし、わたしも商売上その効果を狙って、そうした場を設けている下心はある。だが一方でその流れに抗いたい気持ちも、心のどこかには存在するのだ。

どうしたら人の気持ちを無理に吊り上げることなく、日常のまま本を買ってもらえるのだろう。

自分のしている仕事を振り返ったとき、わたしはそのことと、いつも格闘していたように思う。

「いま、わたしたちはどこで人と出会えるのか？　ほとんど全てのものがマーケットにのってしまった現在、わたしたちが人と出会えるのは、店以外にないのではと思いますね」

先日「Title」で行ったイベントの席上、文化人類学者の松村圭一郎[※4]さんがそのようにおっしゃった。実際、わたしたちが人と出会っているのは、仕事を除けば、買いものの合間に立ち話をする

※2　二〇〇二年より開催されている文学作品を中心とした展示即売会。個人、団体、プロ、アマ問わず参加可能。

※3　TOKYO ART BOOK FAIR の略。二〇〇九年にはじまった、アートに関する本に特化した、日本で初めてのブックフェア。

など、その多くは何らかの経済行為を通して。熱量の違いはあるかもしれないけど、日常にもささやかな出会いは存在するのだ。

高木久直さんはインタビューの中で、「いまは、都会も田舎もそうなんだけど、コミュニケーションを欲している人たちに溢れている」と語った。実際彼は、一日が終わると「話し疲れる」という。もちろん店は商売をするためにつくられた場所だから、もともとコミュニケーションの場を目指しているわけではない。しかしいまの社会では、望むと望まざるとにかかわらず、小さな店にはそうした役割も求められるようになっている。

多くのお客さんがやって来る大型店の店員は、レジに並ぶ人たちをいちいち〈個〉としては見ない。替えが利かないはずだった一人一人は、そこではＰＯＳレジのキーにあるように、〈男性〉〈三〇代〉〈一名〉といった分類に置き換えが可能だ。でもそれは人を人として見ているわけではないだろう。

人が一人の個人として接される場所には、適正なサイズがあるのかもしれない。店をはじめたとき、「小さな空間では、こんなにも人の顔が見えてくるものなのか」と驚いた。そのような店内では、来店するお客さんは、顔の見えない消費者から、来なければちょっと気がかりな一人の個人に戻る。それは何も本屋だけではなく、喫茶店や食堂、銭湯だって同じだろう。誰にだって自分自身に帰っていく場所は必要で、だからこそ人はいつもの場所に何度も足を運ぶのだ。

　そしてそうした関係に救われるのは、お客さんだけではない。前述のインタビューで阿久津さんは、店のことを「便利な装置」だと話した。

「なんか、ちょっと変わりますけど、お店ってなんか、人に親切をすごくしやすい環境だなあみたいな意識もあったりするんですけど、（中略）お店だとなんか、『あ、大丈夫ですか？』みたいなことって、すごく簡単にできるじゃないですか、これは便利な装置だなあって思ったりしますね」

　この親切をしやすい環境というのも、その空間のサイズが可能にさせているのだと思う。実際小さな空間では、個と個にならざるを得ないからだ。たとえばわたしは、もともと社交的な性格ではないが、そんなわたしでも店で困っている人を見かければ、こちらから「大丈夫ですか」とひとこと声を掛けられるようになった。そしてそれができれば、外でも同じことが言え

※4　岡山大学大学院社会文化科学研究科／岡山大学文学部准教授。エチオピアの農村や中東の都市でフィールドワークを続け、富の所有と分配、海外出稼ぎなどについて研究。著書に『うしろめたさの人類学』、『小さき者たちの』（ともにミシマ社）など。

るようになる。

と、このように書くと「たとえ関わりがあったとしても、そこで本が売れなければ食べていけませんよね？」という声が聞こえてきそうだ。確かに関わりが大事だという考えは、それだけではロマンティックに過ぎる。

しかし、ただ関わりだけを求めて店までやって来る人はほとんどいない。松村圭一郎さんは、もし店がタダで相談を受けてくれるフリースペースのような場所であれば、そこにはほんとうに人が来るだろうかと疑問を呈する。

「安くてもいいからある程度お金を払うことで、自分が主体になれます。本を買うことで、わたしが辻山さんの生活を支えているんだってね。だから安心して立ち話もできる。

でも、これがタダなら自律性がなくなり、自分が庇護《ひご》の対象になってしまいます。主従がなくなるためには、そこに経済行為が必要なんですね」

商売が先か、関わりが先か？　どちらか一方ではなく、店では両方が密接な関係にあるもの、同時に発生するものなのだ。

そして店を続けているあいだには、そうした関わりの数が自然に増えていくだろう。日常として本を買ってもらうには、経済行為とともにある、そうした細々とした火を絶やさないことが大切なのだ。もちろん関わりを育てていくことは、それはそれでなかなか大変なことなのだが。

お客さんとの「契約」

わたしは店をはじめたときから「なぜこの人たちは、個人が試みにはじめた店に、疑いもせずお金を払ってくれるのだろう」と、お客さんに対しずっと疑問を抱いていた。

「はたしてこのお金は、もらってよいものなのだろうか?」

これが巨大チェーン店の一員なら、誰かからお金をもらうことに対し、いちいち疑問を差しはさむこともしないだろうが、吹けば飛ぶようなたよりない店では、その根拠に対して自ら首をかしげてしまうこともある。だってほんとうはわたしがどんな人間なのか、わかったものではないではないか?

あらためて考えてみても驚くべきことだが、お客さんはTitleのことを信じてくれているのだ。そう考えないと、辻褄《つじつま》が合わないことがたくさんある。

ここは自分のお金を落としても安心な場所であるということ。この店から受けたサービスが、自分の支払った金額に対して正当なものだと認めていること——いちいちそう思いながら会計するお客さんはいないだろうが、その心情をさかのぼってみれば、そうした明文化されない契約関係まで辿り着くことができる。

そして彼らが「信じてくれている」のであれば、こちらもお客さんのことを裏切るわけにはいかない。

余計な色気を出さず、本に関わることだけをする。お客さんがいつ来てもベストなコンディションで本が探せるよう、いつもその場を整えておく……。そうしたことはすべてお客さんとの約束を果たすため、店としてやってあたりまえのことだ。そして店側が自分にかまけるなどしてその約束が果たせなくなったとき、彼らは何を言うこともなくその場から立ち去っていく。明文化されていないからといって、契約をおろそかにしていいはずがないのだ。

だがそうした、語らずともあたりまえであったはずのことが、いつしかあたりまえではなくなった。SNSの反応やGoogleでの評価、ポイントカードの導入により、お互いの関係が骨抜きにされてしまった——そうした社会の現状を指し、店も客も正気じゃないよねと遠慮なく書いたのが、オオヤミノル[※5]『喫茶店のディスクール』だ。本の発行元は、京都の書店・誠光社。店主の堀部篤史さんはこの本の編集人でもあるが、オオヤさんがここで書いていることは、ほとんど堀部さんの意見であるといってもよいだろう。

　書店に限らずありとあらゆる店は、外に向けてその看板を掲げている以上、いまという空気に影響を受けざるを得ない。もちろんそれにより恩恵を受けることもあるが、あまりにも強い消費者意識にあてられたときなど、一人の個人としてぐったりとしてしまうことも多い。ＳＮＳでそうした気持ちを思わずつぶやいてしまい、その場に来たこともない人たちから集中して叩かれている店の姿も定期的に見かける。

　堀部さんは、京都という全国から観光客が押し寄せる街で、そのような消費者意識と常に対峙してきたのだろう。それをうまくかわしながら、自分の店を好きでいてくれる人、目の肥えた常連客に対して「契約」を裏切らないようにする。ときたま見かける彼の姿には、そのような姿勢を強く感じる。

※5　焙煎家。オオヤコーヒ焙煎所、京都「KAFE工船」、倉敷「Café gewa」などを運営。『喫茶店のディスクール』（誠光社）では情報消費や権威主義という、昨今の小商いに侵食する不可解な現象（詳しくは次章）を考察している。

誠光社が開店したのは二〇一五年十一月。Titleが開店する二カ月ほど前のことだ。だから堀部さんにはずっと同期のような感情を抱いてきたし、これまでには人前でともに話す機会もあった。開店してからときも経ったが、その間我々は何を考え、それぞれ店をやってきたのだろう——それを堀部さんと話してみたいと思った。

ここまでの章では、主にその生きかたに焦点を当て、三人の本屋に話を訊いた。次章からは、仕事のテクニカルな部分にも触れながら、本屋という仕事を持続可能なものとするため、いまの時代にアップデートしている人たちのもとへも訪れてみたい。

5

「あまのじゃく」の真意

❖❖❖

誠光社

❖❖❖

堀部篤史さん

雨の丸太町

ワールド・ベースボール・クラシック日本代表の、準決勝逆転勝利に日本中が沸いた三月二十一日の夜。わたしはそのことから背を向けるように、雨の中、寺町通りを北上していた。これから誠光社に行くのだ。実際に取材をするのは明日だが、先に店内を見て心の準備をしておきたかった。

　京都市役所を過ぎたあたりから観光客の数はまばらになり、通りには大人の姿が目立ちはじめる。そこに並んでいる店は、老舗のお茶屋さんやお菓子屋さん、そして閉まったシャッターに、かつての店の様子がだまし絵のように描かれている三月書房[※1]……。業種にかかわらず個人経営の店がほとんどで、二階建ての古い商店建築が先まで軒を連ねている。このような建物で商売ができる京都の人は幸せだ。

誠光社のある丸太町は、中心街に近いせいもあってか店や会社の数も多いが、その一方で住宅街といった趣もある落ち着いた町だ。大通りの河原町通から一本内側の細い道に入ると、目指す書店の姿が見える。店主の堀部篤史さんは二〇一五年十一月、この誠光社を開店させた。表に置かれた白い看板は、少し年季が入ったようだ。

堀部さんは、誠光社を開店させる前は長らく恵文社一乗寺店の店長を務めていた。恵文社一乗寺店は、京都のガイドブックには必ずといってよいほど掲載される、「観光地」ともいえる書店で、アンティークな本棚が設《しつら》えられた美しい店内には、よく選ばれた本が多くの生活雑貨とともに並んでいる。堀部さんはこの恵文社を、たくさんのお客さんがやって来る店にした立役者の一人だったから、独立し、直取引を中心に構成した自分の店を立ち上げたときには、ずいぶんと話題になった。

取次から本を仕入れると、ほとんどすべての出版社の本を自由に入れることができるが、

※1　一九五〇年、京都市中京区で開業して以来、二〇二〇年六月の閉店まで多くの読書人、文化人に愛された書店。吉本隆明や山田稔、福岡伸一らが通ったことでも知られている。

書店に入ってくる利益は約二割しかない。だから誠光社はその取次を使わず、出版社との直接取引で本を買い取り、書店に入る利益をこれまでより一割多い三割にしようとした。その上で店のサイズを小さくして運営にかかるコストを下げ、コンパクトで持続可能な店づくりを目指すと宣言。そのステイトメントはとてもシンプルで、手法自体が新鮮だった。

店の奥にマスク姿の堀部さんがいたので先にご挨拶する。店に来たのは四〜五年ぶりで、直接会うのはずいぶん久しぶりだ。

「今日は休日だけどＷＢＣもあったから、店のほうは落ち着いていました」

堀部さんの口から「ＷＢＣ」という単語が出てくるのが少し意外に思えた。よのなかの流行りとは、まったく関わりのない人のように見えるのだ。

「それで明日は、どんな話をすればよいのでしたっけ？」

少しあれっ？　と思ったが、簡単に取材の趣旨を説明する。聞けばここ数年、本とか、本屋とかいった話には自分の興味が薄れてしまい、自分の伝えたい価値や本の編集、志を同じにする場所への出張販売など、すべてを含めた「自分の活動」に、興味の向かう先がシフトしているのだという。

それはまあそうなのだろう。

店が変わっていくのと同じように、店主自ら時間をかけ変化していった先にあるものは、

誠光社は古民家を改装した建物で、１階部分が書店、
２階が堀部さん一家の住居になっている。

何も従来の意味での「本屋」であるとは限らない。

実際に店内を見ると、ある価値観により選ばれた、新刊本と古本と洋書が並んでいるのはこれまでと同じ。しかし明らかに在庫の増えたＣＤやレコード、すっきりと飾られたポスターや、洗練されたデザインのスピーカーなどを見ていると、誠光社がやろうとしているのはオルタナティブなカルチャーの共有であって、単に本に関することだけではないと伝わってくる。

買い物を済ませ店を出ようとした瞬間、階上からトコトコという、子どもが走り回る足音が聞こえてきた。店の真ん中には階段があり、そこを上った二階が、堀部さん家族の暮らす住居スペースとなっている。

生活の中に、店があるのだ。

二階からは、奥さまの美奈子さんらしき人の声も聞こえてきた。

「お子さん、いくつになったのですか」

堀部さんの顔が少しほころんだ。

「五歳になりました」

幼稚園が近所にあり、鴨川もすぐ近くだから子育てのしやすい環境で、近くには同じ世代の親子も多く住んでいるのだという。建物の一階では、この店らしく現代的な音楽が流れているけど、二階からはなつかしい生活の音が聞こえてきて、その重なりがわけもなく「京都的」だと思った。

「そういえばこの店で、子どもの足音を聞くのははじめてだな」

それが開店当初にはなかった、いちばんの違いだと思った。

店主の堀部篤史さん。

〈消費〉とは別のコミュニティ

翌日は、昨日とはうって変わってよく晴れた青空。ひと晩のうちに春がぐんと近づいたようで、今年いちばんの陽気かもしれない。三条に宿を取っていたので朝食はスマート珈琲店[※2]で済ませ、その後昨日と同じ道を誠光社まで歩いた。

店の前では菊池さんが待っていた。京都には昨日の夜遅く着いたようで、首からカメラをぶら下げている。一緒に店の中に入り、堀部さんに挨拶した。

ひと通り話したあと、堀部さんが案内してくれたのは、店の近くにある「びっくりドンキー河原町店」。それにしてもびっくりドンキーとは！

「朝から開いてる店も少ないし、小さなカフェだと気兼ねして話せないこともありますよね」

その通り。雰囲気のよい個人営業の店ばかりではなく、こうしたチェーン店が近くに一軒でもあると、実は何かと便利なのである。朝のハンバーグチェーンの店内は空いており、窓

※2　一九三二年に「スマートランチルーム」として開業。コーヒーやホットケーキのレシピは創業時から受け継がれている。Titleのカフェで出しているフレンチトーストは、この店のものから着想を得た。

際の席に腰を落ち着け、久しぶりにじっくりと話を伺うことにした。

――実は京都に来る前、開店してから一年後に行った対談を読み返してみました。本屋に関する話自体は、そのときとそんなに変わることはないだろうと思っていましたが、昨日お店を拝見すると、やはり少し変わったと思うところもあった。それは誠光社がよりカルチャーショップ化したということで、「本」という意味では一歩後ろに下がった印象を受けたのですね。

堀部 そうですね。それは形式が内容に影響を与えたことが大きいと思います。取次からの新刊案内で一冊ずつ本を選ぶスタイルではなく、ある程度の冊数がまとまらないとオーダーできない直取引だと、置く本はやはり「自分が能動的に選んだものを複数冊で」ということになってくる。お客さんに求められた本というよりは、こちらの選ぶ力が強くなってきます。もともと誠光社には、自分が選んだものだけで成立させるというコンセプトがありました。その「自分が選んだもの」には、本に限らずレコードや洋書、古書など、流通の窓口が違うものも含まれるわけです。

あと、同じ規模の店は全国にたくさんあるので、よそがやっているものをうちがわざわざ推す必要はない。あまのじゃくなんで、あえてよそがとらないものを選んでいくと、いつの間にかいまのバランスになりました。見えかたがほかの本屋と違うのは、その結果という気がしますね。

——ほかの店を見てしまうと、やることが似てくることはありますから。誠光社がTitleも含めたほかの店と違うのは、ウェブサイトに並んでいるものからも明らかですし、どこでこうしたものを仕入れてくるんだろうと思って見ています。……ただその一方、堀部さんが発信している、まだ世間であまり知られていないカルチャーを求める人は、かなり限られると思います。

堀部 そうですね。

——そうした限られた人を相手にしている怖さはないのでしょうか。

堀部 いや、そのために商売の設定を小さくしたことはあるので……。

店のコミュニティは地域を超えて、一万人くらいのお客さんがいれば成立します。コアなお客さんだけではなく、たとえば年に一度京都に来たら店にも立ち寄ってくれて、まとめて本を買っていく人など、いろんなレイヤーの人で店は成立している。そういう人たちって、何かが変わったから自分の趣味や嗜好が変わる人たちじゃないと思います。

——そうした人たち、いま店がつくっているコミュニティと一緒に、これからも生きていくということでしょうか。

堀部　そう。だから若い人たちが、自分の嗜好性を本やソフトに求めないのであれば、長くはやっていけないだろうし、これから若い人の人口も減っていきます。だからいまいるお客さんと自分がやっているあいだくらいなら、この店も成立するんじゃないかという感じですね。

――近所のかたは店にいらっしゃるんですか。

堀部　いや、あまり来ない。もちろん近所にも常連さんはいるけど、誠光社のような店になってくると、ほんとうに地域は関係ないですよね。土地を離れたコミュニティ、それをどのように形成するかだと思います。

ただ、いまそれをしようとすると、インターネットやＳＮＳに頼らざるを得ないので、プラットフォームビジネスや中間搾取というものが必ずどこかに入ってきます。そうではなくて、できるだけ自分発信のコミュニティを、店を通してつくっていく。

――誠光社は、あまりほかの会社のサービスを使う印象がありません。自分のできる範囲内でイベントをしたり、本をつくったりといったように。

堀部　そうですね。クラウドファンディングで資金を調達するとかね。

いま、合理的なことがスマートだとみんな考えがちですよね。でもそれは最近の話で、昔の労働運動なんかを見ると、「反合理化」といった考えかたがあります。たとえば郵便番号ができたとき、それまで人が仕分けていたものを全部機械で仕分けられるようになり、労働からも疎外されるという理由で、郵便局員による反合理化運動が起こった。でもいまは労働にしても消費にしても、合理的であるほどスマートでカッコいいというイメージをみんなが持っている。しかしそれによって自分が職を失ったり、仕事からやりがいがなくなるということについてはみな無自覚ですよね。

電子マネーもそうです。電子マネーやクレジットカードを導入することによって、うちの店では毎週五〜六千円ぐらい手数料がかかっているんですよ。一回ずつは二〜三十円なんだけど、カードの割合が多いから、月に二〜三万で、年間にしたら三十万くらい。

――別にこちらが、そこまで合理化されている社会を望んだわけではないですし、気がつけばそうするのがあたりまえだと、よのなかの空気によって仕向けられている気がします。

堀部 そうそう。だから、税金を重複して払っているようなものです。零細な個人店がそんな重税――普通の所得税や住民税に加えて、そうした手数料まで払わされる。オンラインショップを運営するにもプラットフォームビジネスというものに頼らざるを得なくて……。

――あの規模のものになると、個人でシステムを構築できないですからね。Titleのオンラインショップはストアーズ[※3]というサイトを使っていますが、月に手数料を何万も払っているのに、その会社の人とこれまで一度も会ったことがない。それって考えたらと

ても怖い話です。

堀部　うん。もう個人の手からは完全に離れた〈システム〉になっているわけです。ポイントカードを考えても、より多くのポイントが扱えるのは大きな企業だから、実はみんなそれによって行動規制されていますよね。でもそこで支払うほうが賢いと、なぜか進んでそうしたがっている。だからますます、隣人にお金を払える社会ではなくなっています。

店が成立するのって店側だけの問題じゃなくて、お客さんによるところも大きいから、自分のコミュニティはそうした意識を持った人たちと形成したい。だから『喫茶店のディスクール』のような本を編集、出版するなど、世間に対する嫌味をずっと展開しているんです。もちろん観光で来た人やコミュニティ外の人たちは、便利なものは使ってくれたらいいんだけど、コミュニティ内においてはなるべく関係ない人にお金を取られず、近しい人たちに多く支払うべきだと思っている。誠光社でやっていることや、自分がどこかの客であるときも、僕はそれを実践しているつもりです。

――はい。

堀部　もちろん、原理主義的にクレジットカードは使えませんとか、そうしたことをやるのではなく、社会インフラになっている以上そうしたものともつき合います。でもいまは、周りの店を見ても「戦争」のような状態になっていて、店側がすごく疲弊しているんです。京都だと、ただ写真を撮りに来るとか、店を消費しようとする力が強いから。
たとえば、パン屋さんが見映えのするサンドイッチをはじめたら、最初は地元の人が「いい店やん」と言って通っていたけど、そのうちそのサンドイッチを鴨川で写真に撮る人の行列ができはじめて……

――ただ写真を撮るために、サンドイッチを買うようになっていく。

堀部　それで地元の人は、もうその店には行かなくなるんです。デイリーなものに行列なんて、と思うし、本当は店側もそう思っている。そうするとその店の人も疲弊してきて、それで畳んじゃうんですよ。そういうパターンって京都の店だと、けっこうあって。

――外から見ていると繁盛しているし、うまくいってそうに見えるんだけど、自分がほんとうにやりたいことではなかった……という感じでしょうか？

堀部　そう。そうした、個人として生きたい人と、それを消費しようとする人たち。それって戦争みたいだなと……。そこにはＳＮＳの存在もあるだろうし、コストパフォーマンスといった考えかたもあるでしょう。なるべく低いコストで高いパフォーマンスを得ようとすれ

※3　STORES。ネットショップを開設できるプラットフォーム。手軽さとデザイン性の自由度から、多くの個人商店やアーティストなどに利用されている。

ば、何も買わずに写真だけ撮るということがいちばんですから。

それで、そうしたものとのせめぎ合いになっている世の中で、いかにそれと戦わずして……

――自分を守っていくかという。

堀部 そうそう。その「守っていく」ということが、いまこうした個人店の大きなテーマなんじゃないかなと思っています。消費しようとする力に対して怒ったり、まともに相手をするのではなく、違う次元で自分の店のコミュニティをつくって、それを大事にする。

たとえば六曜社[※4]の地下店でも、奥野修さんが、お客さんがいっぱいいるなかで――実は空席もいくつかあるんだけど――「いま、いっぱいです」って言うんですよね。当然空席を指してかみつく人たちもいるけど、店側にしてみればぎゅうぎゅうの忙しい状態で、そこで一服しに来ている常連さんのケアもできないし、彼らを優先できない。だから席が空いていても、便宜上「いっぱいです」と言うんです。それはお客さんを選んでいるとも言えるし……

――守っているものがあるということですね。

堀部 ルールではなく、その場を管理するみたいなことです。そういうことをうまくできるかどうかが、いまの個人店の課題だと思います。

――でもほんと、何と戦っているんだという話ですよね。それって。

「一見さんお断り」とは？

もともとは自分が売りたいものを売り、それで生計を立てたいだけだというささやかな望みが、店をはじめる人の根本にはある。しかしいざ店をはじめてみると、そのときの社会状況や情報技術の変化など、商売の本筋ではないことに対して、思いのほか対応を迫られている自分に気がつく。

堀部さんが語ったことは、店をやるものなら誰にでも覚えのある、しかし表立ってはあまり語られることのなかった話である。でも彼は、そうした店側にも問題があるという。

堀部　ただ店側にしても順番が逆になっていて、たとえばこうした店をやっていると、「自己表現」とか、「思い」みたいな言葉とともに語られますよね。「店主さんの好きなものを集めていいですね」とか。

※4　河原町三条にある喫茶店。一九五〇年に「地下店」を開業し、六六年には「一階店」もオープン。地下店のマスターを務める奥野修による自家焙煎珈琲は、京都の人びとから長く愛されている。

でも、店は社会に開かれたものだから、人に求められていることをやらないと意味がない。ひとりよがりの自己表現なんて街にはいらないから……。僕も辻山さんもいきなりいまの店に辿り着いたわけではなくて、自分の発信に反応してくれるお客さんがこれくらいはいると、キャリアの中で気がついていくわけですよね。僕はそのお客さんに対して店をやるため店の規模も小さくしたし、その点では街の要請に基づいてやっているつもりです。

でもいまはそれが逆じゃないですか。「うちはこういうスタイルの店です」と喧伝《けんでん》して、お客さんを無理に煽《あお》るといった、自己表現のための店。

――別に要請されていなくても、たくさん露出をすればお客さんはやって来るだろうと。

堀部　ほんとうはそういうものって、求められていなかったら潰れるのがあたりまえなんですよ。……人に求められているから店が続くんだけど、そうではなくて、メディアに取材させたり、ＳＮＳで人目に触れさせることによって、店を維持しようとする人が多い。でもそうした、もともと街にとって必要じゃなかったものを消費者がありがたがることで、変なかみ合いかたや権威主義が成立してしまうわけです。それが続けば、人はもともとあった店のこともそのように見ようとする。

でもそれは逆なんですよね。そこにはやはり〈嘘〉が生じます。そうしたことが普通になると、消費者もそこが有名な店だから行くとか、行列ができているから行くとか、店の善し悪しを自分で判断できなくなります。
　そうした際、我々みたいなところは、店としてそういう動きとかみ合わないようにする。僕もそのような嘘は丁寧に避けています。たとえば「ガーディアン紙の、〈世界で一番美しい本屋〉に選ばれた店[※5]にいらっしゃった堀部さんですよね」と聞かれても、「海外メディアの評価は雰囲気として素敵な観光地という見方だから、自分のやっていることとは関係ないです」と答えるわけです。でもそれを受け入れてしまうと……

――それに紐付いたお客さんがたくさん来てしまうし、そこには齟齬《そご》が生じてしまいます。

堀部　そうなんです。それは結局自分のコミュニティを把握し切れないことになるわけで、自分と全然かみ合っていないお客さんを相手にすることになってしまう。それは一時的には良くても、その結果みんなイライラしてしまって、「行列で店を閉めるパン屋さん」みたいなことになるんですね。
　そこから戦略的に脱却するために、すごく丁寧に否定したり嫌味を言ったりということ

※5　堀部さんが店長を務めていた恵文社一乗寺店は、二〇一〇年にイギリス・ガーディアン紙の「世界で一番美しい本屋10選」に選出。日本の書店では唯一だったこともあり、話題を呼んだ。

を、僕はずっと続けているんです。

――丁寧に嫌味を言い続ける（笑）。

堀部　ほかには、いちいちスルーしない。「いや、違いますよ」とか「別にそうじゃない」とか、必ず言う。

――それは大事ですね。ほんとうのところを伝えないとその人も気がつかないから。

堀部　そうそう。それはこれまで京都のコミュニティが維持してきた態度だし、一見さんお断りとかよく言われるのも実質はそういうこと。いまはフレーズだけになってしまっているけど、本来は消費されないとか、どのお客さんを大切にするかというだけの話なんです。

――消費目的で来た人が、京都のどこかの店で断られたりすると、そのこと自体が話のネタになるでしょう。でもその人自身はなぜ自分が断られたのか、ほんとうのところよくわかっていないのかもしれない。

堀部　そうそう。先ほどの六曜社の例も、まさにそういうこと。でも撮影禁止とか、そういう貼り紙もしないんです。それはルールにしてしまうことで、自分自身も仕事から疎外されてしまうから。壁じゅうにしてはいけないことを貼り出しているスーパー銭湯みたいなものですね。でもそうではなくて人間がやっていることだから、店はあえてダブルスタンダードにしている。本を買った人が「撮影していいですか」と先に聞いてくれれば、どうぞどうぞと自由にしてもらうし、勝手に黙って写真を撮っていたら、やめてくださいと言って怒るし。

――一人の人もグラデーションでできているから、相手の出方によって当然見せる顔も違います。自分の感情を肯定することで、我が身が保てているところもありますよね。

堀部 そう。だからそれをやり続けて、ようやくバランスが保ててきた。辻山さんの店もそうだと思いますけど、いろいろなレイヤーのお客さんが来ますよね。サンドイッチを撮りに来るだけの人もいっぱいいるけど、その人たちに対して「別にフレンドリーじゃないよ」とやり続けることで、店もなんとなく落ち着いてくる。

そういうとき、いまだとＳＮＳやレビューサイトに書かれたりするわけじゃないですか。でも僕は良く言われたからいい、悪く言われたから悪いというのではなく、それ自体を相手にしないというか自分のシステムに取り入れない。だから僕、レビューで高い評価を付けられてもけっこうイラッとするんですね。

――あははは。それはなぜですか。

堀部 そんなん評価できるわけないやんと思います。……もちろん好意で付けてくれる場合もたくさんあると思うんですけど、たとえばああいうサイトって、こうしたチェーン店や駅などにも普通に評価が入るでしょ。一とか五とか。

――そうそう（笑）。駅に星一つって、意味がわからないですけど。

堀部　それを参考にすることによって、人は何事も点数で見るようになってくるわけです。でも、店で売っている文学や哲学の本に星なんて付けられないし、チェーン店にしたって、その店に応じた使いかたがあるわけじゃないですか。それは星一つとか星五つの話ではないですよね。

――わたしもそうしたサイトの星やレビューは、目に入れないようにしています。やはり嫌な気分になることもありますし、こちらが頼んだわけではない見ず知らずの人たちだから、自分とは別の次元で行われている話のような気がするのですね。
　でも、そうしたサイトを参考にしようとする人たちを含め、もともと自分の店のコアなお客さんというわけではないから、そこに対して何かリアクションをしようという気持ちにはなりません。

堀部　うん。だから店がああいうサイトを真に受けるのは、すごくまずい気がしますね。

インディーの存在理由

――堀部さんは、もともと実家がお蕎麦屋さんでしたよね。

堀部　はい。

――家の仕事をずっと見てきたから、いまお話しされたような考えかたが、自然と身についてきたこともありますか？

堀部　そうですね。まず自分の家が商売をやっていたこと、そして京都の個人店同士のつき合いというものを見てきて、自分の選ぶものやふるまう態度、そしてある種の贈与が自然と身についたところはあります。みんな「ここでお金を落とす」といった意識が必ずあって、そうした価値観のコミュニティで育ってきたから、そう考えるほうが自然でしたね。

――家の手伝いもしていましたか？

堀部　していましたよ。家では大晦日に店頭で蕎麦も売っていたから、中学生のころから手伝いもしていましたし、お金も触っていた。だからものがたくさん売れるのは好きなんですよ。それで忙しいのは苦にならないというか。

――たくさん売れると達成感があるし、それでうれしいのは健全な感じがします。

堀部　そうそう。アルバイトだと、忙しいのが嫌な子もたまにいるけど、「売れてるしうれしいやん。なんで嫌なん」みたいに思います。恵文社にいたころから「今日売上が良かった」というのは、たとえそれが自分のお金じゃなくても、単純にうれしかった。

あとそのようなうれしさを、いまでは本をつくるときにも感じます。知り合いのデザイナーにお金を払ったり、もともとお客さんだった人たちを著者にして、彼ら、彼女らの仕事が広がっていくことがいまいちばんの充実というか……。

それにそうすることで、ほかの店とは違うものができます。本屋の商売って、複製品を売るわけだから、どうしても店に置くものが似てくるじゃないですか。それでよそと違うものは何だろうと考えたら、それは自分の身の回りにあるものしかない。身の回りのものを編集で良くしながら、中間搾取なしで周りの人にお金が払えるというのは、僕が店でやっているふるまいにも近いことです。

――そうした本づくりが、堀部さんの仕事として増えてきた実感はありますか？

堀部　一つの柱には育ってきましたね。店舗はこれ以上広げてはダメだと思っているので、店というメインの柱以外に、もう一つ柱が育ってきた感じはします。ただ、それも戦略としてそうしようと思ったわけではなくて、結果的にそうなったというだけなんです。だからもう少し何かができるとしたら、出版部門で誰かと一緒にやってみたいと思っている。

――そうなったとき、やってみたいこともあるのでしょうか？

堀部　そうですね……。たとえば、いまはお金のやりくりもあって、初版が完売してもなかなか重版できなかったりするけど、初版二千部を三千部にして、もう少し本が行き渡るようにしたい。あと、営業もいまは僕一人でやっているから、人がいる体制を整えられれば、も

20坪弱の店内には、直取引を中心に仕入れられた
約5千冊の本が並ぶ。

う一人の人にはクリエイティブな仕事もやってもらえるし、人を育てることもできる。

――出版をやるそもそもの動機は、どういったところにあるのでしょう？

堀部　動機というよりは、それもなりゆきで……。恵文社時代、本と関係のあるものとして、トークやレクチャーといった店内で体験できるイベントをやりはじめました。そしていざやってみると、このコンテンツをもっと使うべきだと、「二毛作」として本にまとめることになった。だからものを売るだけではなくトークをやりはじめたこと、そしてもう一つは差別化できるオリジナルコンテンツづくり――出版はそうした要因が重なった結果だと思います。

最初はミニコミのようなかたちではじめま

したが、そうしているあいだにＤＴＰやレイアウトソフトも、使いやすいものに変わっていった。そのうち自分も独立したので、そうすると作家さんとの距離も近くなるし、決裁をするのも全部自分。それで本をつくるハードルが下がったということはありますね。

――確かに本づくりは、昔に比べてカジュアルなものになりました。もはや出版社だけの専売特許ではなくなったと思います。

誠光社から出版された本の中でTitleでいちばん売れたものは、『アウト・オブ・民藝』[※6]のシリーズと、オオヤミノルさんの『喫茶店のディスクール』と『珈琲の建設』でした。これらの本はなぜ売れたと思いますか？

堀部　やはりどちらの本もカウンターなんですよね。基本何かをつくるときの僕の考えかたがそうで、現状に対して、カウンターなものを出そうとする。

それは僕の気質でもあるし、インディーだけができる唯一のこと、そして存在理由だと思うんです。インディペンデントな店や、個人ならまず考えるべきことで。だから『アウト・オブ・民藝』なんかは、もっと民藝批判のようなものを展開してくれてもよかったんだけど、彼らはそうした気質ではなく、もう少し研究者やオタクっぽい感じなので……。

そうすると、僕は帯やコピーといった宣伝に力を入れる。つまり要約ですね。まずは入り口をつくることが自分の仕事だと思うので。

――手に取った人は「民藝の本なんだな」と思うかもしれないけど、この本はこうした流れで存在しているのだと。

堀部　そうそう。パッケージングとコピーで、これもやはりカウンターなものなんだと伝えています。だから、メインストリームではないから売れたんだと思いますよ。売れたといっても、せいぜい三千部とか五千部の話ではありますけど。

――そうすると、ただ店で本を売っているだけではない、それも含めた「活動」すべてが堀部さんの仕事だと思いますが、それらの活動に共通するものは何だと考えていますか？

堀部　それも抽象的な話になるかもしれないけど、音楽を聴いてグッと来るというような、パンクみたいなものですね。それが自分のいちばん根本にある気がします。

それまでの環境が嫌になり、「自分は何か違うことをやってやる」と思い独立しましたが、その衝動は本をつくっているときでも同じです。音楽を聴いて胸に迫る感じというのがいつも根底にあって、それは「パンク」とか「カウンター」といった言葉でしか言えない。

――そうしたパンクな心が起爆剤となり、結果として全国のコミュニティへと広がってい

※6　二〇一八年に開催された展示企画「アウト・オブ・民藝」の書籍化。著者は軸原ヨウスケと中村裕太。

く。

堀部　そう。だからバンドをやっている感じに近いかもしれません。こうした本をリリースするのもそうだし、いま店で出張販売をやっているのも、ツアーみたいな感じで思っているから……。

　自分は楽器も弾けないし、歌も歌えないから、その代わりあちこちに出店したり本を出すことによって、人心《じんしん》をたぶらかすというか……。たまにそうした気持ちになりますね。だから根っこの根っこは、パンクな感じだと思うんです。

家族というバンド

――堀部さんがこの街の先人、個人店の背中をずっと見てこられて、そのふるまいかたや京都という街が変わってきたなと感じることはありますか？

堀部　うん。自分のつき合いの範囲内では変わらないんだけど、街全体はどんどん侵食されていますよね。

――とくに河原町のような、市内の中心部とか。

堀部　そうです。そうした動きに揺り戻しがあるかはわからないけど、それは常に思っている。でも、たとえ街が変わったとしても、僕らはそれを無視して、自分たちの楽しみかたで使うじゃないですか。もともと京都はこういうところだとか……。大きな流れを変えることはできないにしても、自分たちが実践してみせることで、その面白さを後輩や子どもに伝えていくことはできる。社会にグローバルなものがあまりにも増えすぎると、必ずカウンターは出てくるから、そのときにそうした美意識や価値観が途絶えてしまっていたら、オルタナティブなものの価値自体がわからなくなります。

――はい。

堀部　それで結局どういう店がいいのかというと、味やサービスではなくて、その店をやっている人が人としてふるまっているということ――疎外されていない働きかたですね。だからこうしたびっくりドンキーでも、熟練のパートのおばちゃんってすごいじゃないですか。長く働いているおばちゃんは、たとえチェーンのお店であっても、必ず気の利いたふるまいかたをするんですよ。

――人としての存在感がありますからね。それは会社にそうしろと言われたわけではなくて、自分の人生の中から勝手にそうしたものがはみ出してくる。

堀部　マニュアルじゃなくてね。でも、本当はみんなそういうものが好きなんじゃないですか。

――「人が人としてふるまっている」ということで言えば、誠光社は二階が生活の場ですよね。いまこうして外で話しているあいだにも、お店では美奈子さんが店番をされていると思います。ご家族や美奈子さんが店に与えた影響はどのように考えられていますか？

堀部　どうでしょうね。店にというよりは、自分に影響を与えてくれているんじゃないでしょうか。こうした活動も、生活が基盤にないとできないことですし。

　自分が仕事ばかりなので、自分が仕事をしているところを子どもにも見せて、家族にフィードバックするようには心がけています。いまやっている出張販売も家族旅行を兼ね、車を借りて必ず三人で行くんですよ。和歌山も、飛騨高山も、岡山も……。手伝ってもらうということを意識している。

　家族がどういう仕事をしているのか、見たこともないしわからないというのは、戦後にはじまった郊外型の社会ですよね。郊外に住居を構えて、都会に通勤して帰ってくる……。だから波平さんもマスオさんも、仕事の内容ってわからないじゃないですか。

――街のどこかに勤めているらしい、みたいな。

堀部　そうそう。そうした抽象的な仕事が長らく普通とされてきたけど、親が何をしてお金をもらっているのか、それを子どものころから見ておくというのは大事だと思うんですね。

それでなるべくそういうことをしようというのが、コロナ禍にはじまった出張販売です。みなどこにも出られなくなったから、自分のほうから出向いて行ってそこで本を売る。それを同時に、家族との時間にもするということ。

――そうした体験もバンドに似ています。みなで旅回りをして、生のお金も触るという。

堀部　よくわからないところからお金が入ってくるのではなくて、ものを売ることにより自分たちは生活しているのですよと再確認する。うちは小売業だけど、本来産業が高次になっていくほど、誰が何をしてお金をもらっているのか、実質の部分がわからなくなってくるんですね。だから、お客さんにものを売ってお金をもらっていることを、なるべく子どもには知ってほしいし、家でこうした仕事に集中させてもらっているのは、とても幸せな話です。

――……実はそれが今日いちばん訊きたかったことなんです。昨日店に伺ったとき、二階でお子さんが走り回っている音が聞こえてきて、なんというかいい環境だなと思いました。

堀部　そうですね。そうだと思います……。環境ということでは、鴨川の近くにあることは恵まれていると思います。最高ですよ、仕事の合間に鴨川の土手を歩くとか。ちょっと散歩しながらね。

堀部篤史（ほりべ・あつし）

一九七七年、京都府生まれ。学生時代より恵文社一乗寺店でアルバイトを始め、二〇一五年八月まで同店店長を務める。独立後、誠光社を立ち上げ、店舗運営、イベント企画、出版などを手がける。著書に『街を変える小さな店　京都のはしっこ、個人店に学ぶこれからの商いのかたち。』（京阪神エルマガジン社）、『90年代のこと　僕の修業時代』（夏葉社）ほか。

6

ふたりの、独立という旗

❖❖❖

ON READING

❖❖❖

黒田義隆さん、杏子さん

気のいい「ふたり」

名古屋は二百三十万以上の人が暮らす大きな街だが、人口の割に、その内実はあまり知られていないように思う。わたし自身は名古屋と縁ができ、その独特な世界に触れることができたが、そのときに出会ったのがON READINGの黒田義隆さん、杏子さん夫妻だった。

　堀部さんやわたしが独立して店を持つそのずっと前から、彼らはインディペンデントな書店として、その地で存在感を発揮していた。店をはじめてからすでに十八年になり、自身の出版レーベル「ELVIS PRESS」では、彼らが面白いと思ったアーティストの作品集を、全国に向け紹介している。

わたしも独立するにあたっては二人の存在が頭の片隅にあった。地方の都市でアートブックやZINE[※1]、古本を売ることからはじめ、高い水準で店を維持してきた二人の歩みは、これから自分の仕事をはじめようとする人にとってもよい参考になるだろう。

そういえば、あらためて話を訊いたことはなかった。

「灯台もと暗し」とは、まさにこのことである。

――二〇〇六年秋、わたしは「リブロ」という書店チェーンの名古屋支店に、店長として赴任した。それまで名古屋には、東京と実家のあった神戸との往復で何度も通りかかってはいたものの、そこに降り立ったことは一度もなく、何も知らないも同然であった。そして、着任した店で、芸術書・洋書の担当として働いていたのが黒田杏子さん（以下、杏子さん）。彼女は仕事に対して熱心で、彼女のほうからたびたび仕事上の提案、相談をもちかけられた。書店員といっても自ら進んで商品を見つけてきて、イベントの企画までできる人も稀なので、こんな人がいる街なら大丈夫かなと思った。

※1　個人、あるいは少人数の有志が制作・発行する小冊子。紙をただホッチキス留めしたラフなものなど形式は問わず、その人自身を表現するものとして制作される。

しばらくすると、彼女がリブロ以外にも、もう一軒掛け持ちして働いている店があることを知った。それが長者町《ちょうじゃまち》の雑居ビルの四階にあった「YEBISU ART LABO FOR BOOKS《エビス アート ラボ フォー ブックス》」（以下、エビス）で、聞くところによるとそちらの店は、黒田くんという、彼女のパートナーが中心となってやっているらしい。当時、リブロでの仕事が終わると、その黒田義隆さん（以下、義隆さん）との「エビス」に向かうため、慌てて店を出ていく杏子さんの姿をよく見かけた。

ある日、わたしと杏子さんが二人でレジ番をしていた時間帯があり、雑談のあいだ、話は「ほんとうは名古屋でもできること」に流れていった。そのとき杏子さんは東京の谷根千やほかの地域でも行われていた古本市をやりたいと言い、わたしは近々第二回が予定されていた、福岡の本のイベント「BOOKUOKA《ブックオカ》」※2について話をした。

「福岡でできるなら、名古屋でもできるよね。そもそも人口は名古屋のほうが多いんだし……」

わたしは地域の新刊書店の集いに顔を出していたので、市内の主な書店には知り合いがいたし、彼女は多くの個人経営の店の店主を知っていた。その二つを併せればやれるんじゃないかとその場で盛り上がり、その勢いではじまったのが、それから約十年続いた名古屋のブックイベント「BOOKMARK NAGOYA《ブックマーク ナゴヤ》」※3だ。杏子さんは義隆さんと一緒にイベントの実行委員長になったが、並んだ二人をはじめて目にしたとき、同じ雰囲気を身にまとった「ふたり」だなと思った。公私をともにするパートナーでありながら、どこか友だち同士のようでもあり、双子のきょうだいのようにも見える。わたしが冗談を言うと、同じところで屈託なく笑う、気のいいふたりがいた。

その後、わたしは名古屋を離れ、東京の池袋にあった本店に異動になった。しばらくすると二人の店も東山公園に移転して、店の名前も「ON READING」に変わったが、東京にいても彼らの店が、その名前をしばしば耳にする存在になったのは、そのころからだったように思う。

何もなかった手探りの時代

ON READINGは、名古屋市の中心部である栄や名古屋駅からは少し離れた、東山公園と

※2　二〇〇六年より年に一度、福岡県内を中心に開催されているブックイベント。「福岡を本の街に」をスローガンに、県内の書店や出版社が実行委員を務め運営している。

※3　二〇〇八年から約十年にわたって開催された、名古屋市内を中心としたブックイベント。名古屋の大小の書店や古本屋、雑貨屋などが集い、トークショー、古本市、ワークショップなどを展開した。

いう郊外にある。取材当日の朝、名古屋駅から名古屋市営地下鉄東山線に乗車し、途中、千種、今池、本山など、なつかしい駅名を通り過ぎた。わたしもかつてはこの東山線で通勤していたのだ。東山公園駅に着き外に出ると、この季節の新緑が目にまぶしく、多くの親子連れが東山動植物園に向かって歩いていく姿が見えた。

「ここはほんとうにいい場所だな」

わたしは思った。

特に何かがあるわけではなく、ほかに立ち寄りたくなる場所といえば動物園くらいなのだが、目の前が大きく開けていて、明るいところが何よりもいい。気持ちのよいロケーションや、何か心地よさを感じさせる空間の中では、その記憶自体がまた来たいと思わせる原動力になるのだ。

それは偶然だったのかもしれないが、ここに店を構えたこと自体、何かに呼ばれたような

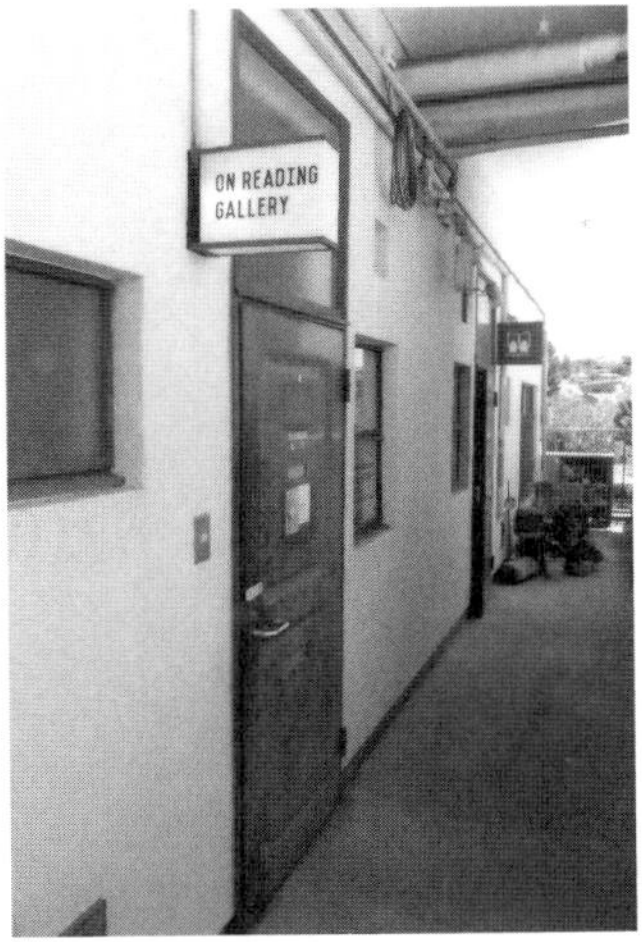

ビルの2階に店を構える
ON READING。

必然性を感じさせる。もちろん、誰がやっても成功するという場所ではなくて、気のいいふたりにはぴったりの場所という意味なのだが。

店があるカメダビルの二階で二人を待っていると、先に杏子さんがやって来た。会うのは久しぶりだが、その明るさには店を長く続けている自信のようなものが感じられた。その後義隆さんもやって来たが、彼は変わらず自分のペースでやっているように見えた。

――今日こうして伺ったのは、たぶんあなたたちはご存知ないと思いますが、わたしが二人のことを尊敬しているからです。

義隆・杏子　うわ（笑）。怖い怖い。脇汗が出る（笑）。

――実はね。……この旅では、このあとも様々な場所に行くのですが、自分で店をはじめた人の中でも、二人は長いキャリアになりますよね。

杏子　二〇〇六年からですね。

――若いころから店をはじめ、地方で長く、しかも高い水準を保っている。独力で一から切り拓いていった感じがするので、これから本屋をやりたいとか自分の仕事をはじめたいという人にも参考になる店ではないかと思います。

しかし店内はかなり変わりましたね。アートブックの店だった印象が、「読む本」

店主の黒田義隆さんと、黒田杏子さん。

がかなり増えたように思います。

杏子　はい、その通りです。

――それはお客さんの要請もあるのか、もしくは店を続けてきた過程で自分たちに変化があったのか……。

義隆　そうですね。オープンした当初は、もちろん取次も通していなかったし、「直取引」といっても、出版社に断られる場合も多かった。それで、新刊書籍を仕入れることができなかった前提がそもそもあって……。

――ほんとうは新刊も入れたかったのでしょうか？

杏子　でも、当時はそこまで思っていませんでした。エビスアートラボ・フォーブックスは六坪しかない店でしたから。その小さな場所でわたしたちが何をやりたかったかといえば、名古屋では見ることのできなかった洋雑誌やアートブック――わたしたちも欲しいし、もしかしたらほかの人も欲しいかもしれないもの――、それをやりたいと思ったのがスタートです。あと、そのころ南陀楼綾繁《なんだろうあやしげ》※4さんや、ちょうちょぼっこ※5さんが活躍されていて、彼らの紹介するようなミニコミやリトルプレス※6が好きだったんですけど、そういうものもどこに行ったら買えるのかわからなかった。

――名古屋だと買える店はなかった？

杏子　そうですね。以前わたしが働いていたナディッフ愛知※7にも、一般の人やアーティストが自主制作している美術系の本はありましたが、ほかにはあまりなかったと思います。では、ないならば自分たちでやろうと……。名古屋には新刊書店が数多くありましたし、最初

※4　ライター、編集者。全国各地で行われている「一箱古本市」の生みの親。各種ミニコミ誌にも多くの文章を寄稿しており、著書に『一箱古本市の歩きかた』（光文社新書）、『古本マニア採集帖』（皓星社）など。

※5　郷田貴子、真治彩、次田史季、福島杏子の四名が、二〇〇一年に大阪北堀江のアパートの一室ではじめた貸本喫茶。二度の移転を経て二〇一三年に閉店した。

※6　前述のZINE同様、ここでは個人が自主制作した出版物を広く指している。

※7　コンテンポラリーアートの店・NADiffの、愛知芸術文化センターにあった支店（現在は閉業）。

の段階では新刊を置く意義をあまり感じなかった。

――なるほど。エビスには一度行ったことがありますが、確か雑居ビルの階段を上った、そのまた奥にありましたよね。

杏子　そうです。四階の。

義隆　すごいところでやってたよね。

――長者町は名古屋でいうと、ビジネス街にあたりますよね。本屋をはじめようと思ったとき、あまり考えないロケーションのように思いますが、なぜその場所にしたのでしょう？

義隆　それもほんとうにたまたまで。エビスをはじめる前に「K＊BOOKS」という名前で、いろいろなイベントや出張販売、あとはカフェに棚を借りて、本の委託販売をさせてもらうといった活動を二年くらいやっていました。

――それは無店舗で。

義隆　そう。それでその活動を見ていた「YEBISU ART LABO」というギャラリーの人から、「事務所のスペースを空けるからそこで本屋をやってみないか」と声をかけてもらって。

――ああ！　もともと「エビスアートラボ」というギャラリーがあって、その隣にある「エビスアートラボ・フォーブックス」が、二人の店ということなのですね。

杏子　そうです、そうです。

――家賃は払っていたんですか？

義隆　ギャラリー内のちょっとした仕事というか、店番をする代わりに家賃はいらないよという約束でやらせてもらっていました。でも四年半もいたし、そろそろ出たいなと……。

――その四年半のあいだに、いろいろな取引先を開拓し、本屋のやりかたを覚えていった。

杏子　そうですね。最初のラインアップが洋書と古本と……。

義隆　あとは自費出版系のアイテム。当時そうした本を海外から直接輸入しているところはそんなにはなかったから、それを見て東京の雑誌が取材に来てくれました。オンラインショップでもそうしたアイテムがたくさん売れて、それでギリギリ何とかやっていけた。

――海外というとアジアが多いのでしょうか。それともアメリカやヨーロッパ？

義隆　アメリカやヨーロッパですね。そうした地域は作家さんに直接メールをすればやり取りができるし、向こうの小さなレーベルもそのような問い合わせには慣れているから、卸してもくれます。

――義隆さんは、そうしたZINEカルチャーが好きだったのですね。

義隆　はい。昔から音楽がいちばん好きで、中でもアメリカやイギリスのパンクバンドが好きでした。そういう人たちって自分でZINEをつくったり、アルバムのジャケットに現代美術の作品を使ったりと、カルチャー全体がごちゃ混ぜになっている印象があって、その感じにすごく影響を受けた……。音楽から入って、アートやいろいろなものを好きになりましたが、本屋をやることなんてほんとうに夢にも思っていなくて、むしろ最初はレコード屋さんがやりたかったんです。

でも、たまたま彼女（杏子さん）が本屋で働いていたことや、自分でもある本屋を手伝うことになり、そこで少し本を触ってみたら、本ってメディアで容《い》れものだから、そこには何でも入っているし入れられるなと気がついて……。それで本屋に興味を持ちました。

――杏子さんはどうですか？

杏子 わたしはどうですかね……。もう子どものころから本が好きな子だった。

――確か、お母さんもそうでしたね。一度Titleにも来てくださったことがあります。

杏子 そうなんです。親がすごく本が好きで、中でも絵本がいちばん好き。わたしが生まれた岐阜には『コボたち』という児童文学の雑誌があったのですが、そうした雑誌が毎月届くような家だったので、お話や本に囲まれながら育った。でも「シルバニアファミリー」のような玩具は、一切買ってもらえませんでした。

みんなの家にありそうなものは何もなかったけど、本ならたくさん買ってもらえるし、図書館にも連れていってもらえる。大学も文学部で本自体はずっと身近にありましたけど、それを仕事にしようと思ったことはなかったと思います。やはりナディッフ愛知で働きはじめたことが大きくて、そのときに文学とは違う、アートブックというものの多様さを知った。

――「これも本なんだ」といったような。

杏子　そうそう。一見、本らしくは見えない本でも〈本〉としてはあり得るし、ものとしての本の魅力をナディッフで教えてもらえた。ナディッフには美術の仕事をしたくて行ったのですが、逆に本に戻ってきた感じ。「本、めっちゃいいやん」ってなりました。

　実はナディッフにいたときに、ある本屋のことも少しのあいだ手伝っていたんですけど、そこは一年半くらいで閉店してしまった。でもそのときに、別の書店から本を仕入れるという裏技や、直取引もはじめたり、あとは古本も自分たちで買ってくれれば売れるということも知って、本屋って案外やれるかもと思いました。

――まあそのころは、何をやるにも手探りですからね。

杏子　めちゃくちゃ手探りです。まだ何もなかったから。

――当時先行していた店って、ユトレヒト[※8]とか恵文社一乗寺店とか……。

義隆　あと、ハックネット[※9]が……。

――あー、ハックネット。いまはもうないですよね。

義隆　ないですね。

杏子　あとわたしたちが大学生のころ、松浦弥太郎[※10]さんが移動書店として、名古屋まで来てくれました。それで憧れた。こうしたやりかたで本を売っている人がいるというのは衝撃だったし、そのころ『BRUTUS』でも本の特集があり、その影響を受けました。

　わたしたちそのチルドレンですねって、内沼晋太郎さんともよく話すんです。内沼さんとわたしは同い年なんですけど、内沼さんたちがブックピックオーケストラというユニットをはじめたのと、わたしたちがK＊BOOKSをはじめたのがほぼ一緒だったので、遠くにいても、同じようなことを考えている人たちがいるなんてとmixiで友達になった（笑）。

――先ほどの海外との取引もそうですが、インターネットがあったからということが大きいですよね。ネットで調べて、良さそうなものをただひたすら集めてくるといったような。

杏子　そうそう。まさにそれですね。やれそうなこと、仕入れられそうなものを狩猟採集して、店に並べて売っている感じ。

――それに比べたら、いまはほんとうに便利というか楽になったでしょ。

義隆　いまはめちゃくちゃ便利ですね。すごく楽になりました（笑）。そんなに断られることもなくなったし。

――昔はけっこう断られた？

義隆　断られましたね、全然ダメだというのもあったよね。

杏子　うん、それはあった。

――買い取るとまで言っているのに。

杏子　言っているけど、こちらは交渉する術を知らないですし、積み上げたものもまだないので……。いまだったらそういうことを言われても、「いや、絶対売れますから」と、強気で返せるじゃないですか。でも当時はまだそこまで実績はないし、業界のこともわからないので、「あっ、ダメなんや」と言いながら、簡単にあきらめていた。

でもその分、ほかでは売っていないものをと考えるようになりました。愛知県全体で見たときに、いろいろな本が手に入る状態になっていることが、この店の役割かなと思っていた

※8　現在は蒸留家の江口宏志が、二〇〇二年に代官山でオープンした書店。二〇一四年からは渋谷区神宮前で営業している。

※9　インテリア、建築、デザインを専門とした洋書店。二〇一一年に閉店した。

※10　エッセイスト。二〇〇二年に「COW BOOKS」を中目黒にオープンさせ、書籍商としても活動。文中の「移動書店」は、松浦が立ち上げた「エムアンドカンパニーブックセラーズ」として行われた。

し、それはいまでも同じだと思います。

だんだん本屋になっていった

話の最中になつかしい店の名前が次々出てきて、いまに続く「独立書店カルチャー」の創成期を見る心地がした。そうした流れがある一方、鳥取の定有堂書店や東京・千駄木の往来堂書店など、地域に根差しながら品揃えにも工夫がなされる店の系譜も存在し、その二つの流れをそれぞれの店ごとにハイブリッドしていった結果が、いま見られる多くの店だという気もする。

一つ一つ手探りで、仕入れられそうなものを「狩猟採集」してきた彼らの店は、だからこそ荒削りなオリジナリティに溢れていた。その後彼らはいまいる東山公園に移転してON READINGとなったが、そのきっかけには何があったのだろうか。

――いま店があるこの場所は、もともとプチマルシェ[※11]があった場所ですよね。

杏子　はい。

――滝村さんから「わたし出るから、そのあとにどう?」といった話を受けたのでしょう

か？

杏子　そうですね。そのころ移転先を探していろいろ見ていたんですけど、どこも当時のわたしたちには高かったり、そもそもどの街がいいのかわからなかった。

――「この街でやりたい」とかもあまりなかった？

杏子　はい。大須や栄みたいに街のイメージが強いところではなく、まだ何も色が付いていない場所がいいなと思って、本山や千種、池下とか、いろいろ移転先を見ていました。

そんなとき長野の伊那で滝村さんに、「わたしたち移転しようと思っているんですけど、名古屋だとどこがいいと思いますか？」と相談したんです。そしたら「うち、もう出るよ」と言われ、「明日電話しな、あそこ人気だから」とすぐにお膳立てしてもらいました。だから結局は自分たちで選んでいないんです。

――でも、それも縁ですよね。プチマルシェは、雑貨の好きな子たちからはカリスマ的な人気があった店だし、『なごやに暮らす』[※12]というリトルプレスもつくっていたから、この場所は、名古屋文化にとってのよき場所という印象があった。

※11　le petit marche。滝村美保子が店主を務めた、主に中欧のアンティーク雑貨を扱う雑貨店。その後店舗は長野県・伊那に移転し、いまはレストラン le petit marché として営業を続けている。

書籍や写真集のほか、国内外のZINEや雑貨、Tシャツなど
独自のセレクションが目を引く。

杏子　うんうん。確かに『なごやに暮らす』や滝村さんに対する信頼みたいなものがなければ、「うち、もう出るよ」と言われても、そのあとには入らなかったかもしれないですね。

――東山公園に対するイメージはどうでしたか？

義隆　それこそ僕らも、プチマルシェに来るくらいしか、来たことがなかった。……街も歩いたことがなかったけど、僕らの大学も近くだったから大体の雰囲気はわかっていて、まあ学生はいるかな、みたいな。ほんとそれくらいの感じだったよね。

杏子　エビスのあった長者町の街並みが、ほぼコンクリート一色だったんですよね。東山公園は降り立ったときの緑の印象が強くて、そこはすごくいいなと思いました。

――店が移転したあとはじめてこの店に来たとき、何か祝福された空間のように感じました。前はビルの四階で、窓もないところだったから、明るくていい場所にしたなと……。

プチマルシェがあったときも、ここには二回くらい来たことがありましたが、そこがON READINGになったと聞いて、滝村さんから何かを受け継いだんだなと思った。

杏子　確かに。『なごやに暮らす』の残りの在庫も、無料で分けてもらったし（笑）。

――そのときに店の名前も変えますが、それも大きな変化だったと思います。「ON READING」という店名は、アンドレ・ケルテスの写真集[※13]から取ったと思いますが、それはどのようにして決まったのですか。

※12　滝村美保子とイラストレーターの松尾ミユキのユニットles deux（レドゥ）が制作したリトルプレス。「乙女系」「暮らし系」と呼ばれる本が流行った創成期につくられ、ローカリティにも軸足を置いた内容。

※13　ハンガリー出身の写真家、アンドレ・ケルテスによる『ON READING』を指す。様々なシチュエーション、人種、年齢の人が何かを読んでいる写真で構成され、『読む時間』（創元社）として日本版が発売されている。

義隆　名前の案を出し合っていたとき、店だったか、家だったか、本棚にあった写真集がパッと目に留まり、「あっ、これなんかめちゃくちゃいいんじゃない！」と即決しました。

杏子　「ON READING」という名前には、ケルテスの写真集が持っているイメージも含まれているので、広がりがある名前だと思いました。しかもそれは、この店がどういう本を置いているとか、わたしたちがどういう考えを持っているといった〈意味〉の話ではなくて、本を読むといった〈体験〉の話ですよね。それこそ本にまつわるすべてが包摂されているような名前なので、そこがすごくいいなと思った。

――読むことを、ひたすら肯定してくれる名前ですよね。……こちらに移ったあとは、お客さんの層も変わりましたか？

義隆　それは変わりましたね。正直エビスのときは、日に数人しかお客さんが来ないときもありました。来る人も、たとえばデザイナーのような人だったり。

――四階だと、そもそも店に目的のある人しか来ないのでしょうね。

義隆　いまは二階になりましたが、自分たちが思っていたよりも一見さんが入ってきてくれるんですよ。近所のおじさんが本をなんとなく見て、そこにある新刊を買ってくれたりもするので、「あっ、なるほど！」と思って。

――「そうか！　これが本屋か」みたいな。

杏子　まさにその通りです。ほんと気がつけば、だんだん本屋になっていった。

義隆　それまで本屋だと認めてもらえていなかったから。

杏子　そうそう。あらゆるところから無視され続けた気がします。実際には、そんなことはなかったのかもしれないですけど……。でも、いまはこうして新刊が増えていますけど、実はそれもたまたまで、プチマルシェ宛に届いた郵便物を、そうと気がつかずに開けてしまったら、それが子どもの文化普及協会[※14]からだった。「あなたのお店に絵本を置いてみませんか」という提案でしたが、取り扱い出版社をよく見ると「えっ、これ新刊本も注文できるんじゃない!?」みたいなラインアップで……。

義隆　河出書房や、ちくまの本も入っていた。

杏子　うんうん。それで新刊本を少しずつ置きはじめたらすぐに反応がありました。……やはり、わたしたちよりもお客さんのほうが素直じゃないですか。その本が新刊であるとか、どういうルートから入ってきたかなんて、お客さんには関係ないですよね。その本に興味を持ち、自然と手に取ってくれる姿を見ていると、「あっ、新刊って売れるんや。ほかの店に

※14　作家の落合恵子が開いた児童書専門店・クレヨンハウスが母体となり、一九八四年に創立された絵本を中心とした書籍取次。多くの新しくできた個人経営の書店が、新刊書を入れる窓口として利用している。

も置いてある本だけど、ここでも買うんや」と思った。

――そうなんですよね。置くと売れる。それは、読者はどこにでもいるという現れだと思います。

義隆　けっこう発見だったよね。

杏子　もともと新刊は、平台で少しだけ置くくらいのイメージだったんです。でも、あらためて近所にある本屋さんを見てみると、河出やちくまの本でも棚にはなかったりするので、じゃあこの店で「棚をつくる」こともできるのかなと思いはじめて……。

――客注も受けたりするのですか？

杏子　受けられるものは。「時間がかかりますけど、大丈夫ですか」と言って、受けたりします。いろいろな頻度、用途でお客さんが来るようになりました。

――年を経るごとに。

杏子　定期的に来て、そのとき気になるものを買うといった、いわゆる「本屋さんの常連さん」みたいな人は、何だったらコロナのあいだ、その存在がわかったかもしれんね。

義隆　コロナのあいだ、店を閉めたり、予約制にしていたときがあって、そのときはいつも来てくれる人が、わざわざネットで注文してくれていました。近くの人からもたくさん注文が入っていて、それに気がついたときは、やはりうれしかったですね。

店で渡してきたものは、どのようにして返ってくるか？

——ほかにはギャラリーが増えましたよね。書店の隣の部屋がギャラリーになったのは何年のことですか？

杏子　二〇一七年かな。

——それも隣が空いたから？

杏子　そうです（笑）。

——でもすでに一つギャラリーを持っていて、もう一つ隣につくろうとは、ふつうならないと思うんだけど（笑）。

義隆　まあ、どんどん欲が出てくるじゃないですか。それまであったスペースは狭いし、そうした小さな場所ではできない作家もいるけど、もう少し本格的に展示をしたいなと考えていたところもあったので……。そんなときに隣が空きました。

——それでいま、隣の部屋がメインのギャラリーになっているのですね。

義隆　隣はもともとギャラリーとしてやっていたお店だったので、居抜きで、きれいな状態で借りることができました。そこに知らないお店が入るとなると、どんなお店か気になっちゃうじゃないですか。それだったら自分たちで借りたほうがいいかなと思って。

――こうした展示のスペースを持つ店は、昔はあまりなかったですよね。Titleもそうですが、本屋における展示の比重が年々上がっていると感じます。その期間一緒に店をつくっている〈共作者〉という感じがする。

杏子　確かにそうですね。店を飽きずにやっていられる理由の一つに、展示はすごくあるのだろうと思います。そのあいだそこは、自分たちの見たこともない空間になっているから、それが見たくてやっているところもある。

――展示をやらせてくださいと言われることも多いと思いますが、判断する基準はあるのでしょうか？

義隆　隣の「ON READING GALLERY」は、いわゆる本屋に併設されたスペースというかたちではなく、独立したギャラリーとして運営しているので、自分たちがその人の作品を売る自信がないとちょっと難しいですね。

杏子　ほとんどが企画展なんですが、一部レンタルの制度を設けていまして、それははじめて展示をやる人向けですが、一年、一年半とかけ、展示に向けて何回も打ち合わせをします。だから結局自分たちの企画よりも手間をかけて、レンタルの企画をやっている（笑）。

義隆　ほとんどの申し込みは「ちょっと難しいです」と断ってしまうんですけど、たまに残ってくるものもある。その人たちには作品をじっくりつくってもらい、いまならできそうだなというタイミングで展示をします。

杏子　だからみんなレンタル代以上にちゃんと売り上げが立って、最終的にはこちらからお支払いするかたちで終えることができる。赤字にはならないで。

――それはいい話だなあ……。彼らにとっても勉強になりますよね。二人と話して「いや、もっとこうしたほうがいいよ」といったアドバイスももらえるし。作家本人の思いは強くても、店という客観的な立場から見れば、これではちょっと難しいなと思う場合もあるわけじゃないですか。でもそれは作品をつくる人には気がつきにくいことだから、そういう意味で人を育てていると思う。

　ELVIS PRESSで本を出されているかたも、愛知県出身者や、いまこの辺りに住んでいるというかたが多いですよね？

杏子　実はあまり気にしていなかった（笑）。でもだんだんそうなってきてますよね。けっこう愛知ものあるな、みたいな。

――この前京都の誠光社に伺ったとき、堀部さんは「自分の身の回りのものを編集で良くする」とおっしゃっていました。知り合いの仕事が広がっていくことが、いまいちばんの充実だと……。そうした周りを育てるということも、意識されたりはしますか？

杏子　実は後から知ることも多いですね。いま『NEUTRAL COLORS《ニューカラー》』※15という雑誌のデザインをしている加納大輔くんからも、大学生のころずっと立ち読みしてましたと、後になってから言われました……。確かに風貌が独特だったから覚えているんです。
これまでも口では「地域に貢献している」と言ってきたけど、そうした話は十数年経ったいまだからこそ聞こえてくるようになった。自分たちのやってきたことが、ようやく実を結んできたというか……。

義隆　ここでやっていて良かったと思うのは、加納くんみたいにうちに通っていたことがきっかけとなって本づくりに興味を持つ人が現れたこと。別の、東京に行って編集者になったというかたも、卒業するときにわざわざ手紙を渡してくれたり……。そうした本との出会いの場として、役割を果たせたようには思っています。

杏子　加納くんの例で言えば、当時は何を買うこともなく、一銭も落としていないんです――まあ、知らないですけど(笑)。でも「ニュー・カラー」という、うちでめちゃくちゃ売れている本をつくってくれたことが何よりの恩返しじゃないですか。「こんなことあるんや」と思いました。
自分たちが渡してきたものがどのように結実するかなんて、わからないことのほうが多いと思いますが、こうしたよい本を作ってくれたというかたちで返ってくるのは、店をやっていて良かったと素直に思えることです。

頭が二つある

――あと、二人を見て面白いなと思うのは、これが杏子さんの仕事、これは義隆さんの仕事というのが、傍から見てもわからないこと。実際には、二人の中で仕事の分担などもあるのでしょうか？

杏子　すごく細かい話になりますが、あると言えばあります。

義隆　基本的にデザイン回りとオンラインショップは僕がやっています。ＳＮＳは杏子がやって……。

杏子　ＳＮＳというか、Instagramで投稿している本の紹介文はわたしが書いています。でもそれ以外のことは、「この本何冊注文する」といったところから、すべて話し合って決めているから……。

※15　編集・加藤直徳、装丁・加納大輔によるインディペンデント雑誌。オフセット印刷とリソグラフ印刷を使い、手作業と機械で制作している。

決めるということ自体、ほんとうに疲れることじゃないですか。もう決断の連続ですよね。その負担を二人ですることで軽くしているから、「わたしはそれを知らない」ということがほぼないんですよ。だからON READINGとしてやった仕事で、どちらかしかクレジットがなかったとしても、実際には二人でやっていると思ってもらって間違いはないです。

義隆　仕入れに関しても、意見が合わないとかあまりないからね。

――それはずっと一緒にやってきたあいだに、だんだんお互いの感覚がシンクロしてきたのでしょうか。

杏子　そうですね。日ごろ見聞きしているものや興味の範疇《はんちゅう》って、毎日少しずつ増えていくじゃないですか。そうしたそれぞれが気になったことを持ち寄り、それを日々話し合って共有しているから、わたしもお客さんに説明できる。やはり四六時中一緒にいて、ずっとしゃべっていることが大きいと思います。

――でも、そうは言っても二人は、別の個人でもありますよね。この場所には踏み込まないでおこうとか、ここは相手に任せようみたいな、そういうところもあったりはしませんか？

義隆　完全にお任せすることって、ほんとうにあまりないんですよね。たとえば僕がデザインをしても、ここを直したほうがいいと意見を言われるし、彼女が文章を書いても、僕が一度見てここはわかりにくいとか言うしね。

——へぇ、ではほんとうに共作なのですね……。それでは二人で店をやることで、積極的に良かったと思うことは？

杏子　すぐに愚痴を言い合えること（笑）。あんなに長居したのに……。

義隆　なんも買っていかんかった、とか。

——誰かいるって大事ですね（笑）。ほかには？

杏子　でも、単純に頭が二つあるということは大きいと思います。自分が知らないことや、見ていないことを見てくれている人がいて、それが店に反映されているのは。

——自分には見えていなくて義隆さんに見えているのは、どういったところでしょう。

杏子　んー。社会の仕組みとかですかね。

——社会の仕組みが見えている！　それはすごいですね。

義隆　でも僕、大学も経営学部だったから、現実的と言えばわりと現実的。

——その点杏子さんは、もう少し文学部よりというか。

義隆　どうでしょうね。彼女はいろいろなことをやりたいと思う人ですね。そのアイデアを二人でうまく実現させていくといった感じかな。

——義隆さんから杏子さんを見て、ここは自分にないところだなと思うのはどこでしょ

う？

義隆 どこでしょう（笑）。彼女はほんとうに文章が上手で……。

杏子 いやいや、そんなことない！　義隆さんしか言わないし、身内に甘いというのがいちばん良くない。

義隆 ……だからもっと書けばいいのにと、僕は思っています。

杏子 実はこれまで、自分のことを話すのがとても苦手だったんです。でも最近ではそれぞれ個人で、デザインや文章の仕事も受けはじめたり、フリーペーパーをつくりはじめたり……。お互いようやく少しずつ、自己開示ができるようになってきました。

独立すること

――そういえば、「ブックマークナゴヤ」は、結局何年続けたんでしたっけ？

杏子 十年近くやって終了しました。

――あのような大規模なイベントの実行委員長をやるのは、個人店やチェーン店の違いもあるし、ふだんあまり関わることのない人たちもたくさん参加していたから、大変だったと思うんですよ。でもそれをやり通してみて、自分たちが変わったなと思うところはありますか。

杏子　その当時はわからなかったけど、いまはほんとうに、やっていて良かったなと思うことが多いよね。

義隆　実際、自分たちの関心がちゃんと名古屋に向くきっかけにはなっていて、いろいろな人との関係性もできたので、可能性はすごく広がったと思います。

杏子　逆に辻山さんにとってブックマークナゴヤとは何だったのか聞きたい。

――ブックマークナゴヤとは何だったのか……。まあ、わたしは実行委員を二年しかやりませんでしたが、いまのTitleにはつながっていると思います。あのとき実行委員には、シマウマ書房[※16]さんとかcesta[※17]さんとか、わたし以外は個人で店をやっている人が多かった。当時、わたしはまだ会社員だったけど、ブックマークをやることで、自分の中に眠っていたインディペンデント精神に目覚めることができました。みなさんのふるまいも見ていたから、独立するときもその記憶がどこかにあり、違和感なくはじめられたことはあった。

※16　二〇〇六年に名古屋市千種区の本山駅近くにオープンした古書店。一九年、店舗を今池に移転。

※17　名古屋の覚王山にある、古本カフェバー。チェコなどの海外の絵本や手芸本、雑貨を取り扱う。

杏子　なるほど。逆にわたしたちはどこかで修業したとか、何かから独立したということがありません。もともと独立していたので、修業期間を経ていないことがコンプレックスだったんです。でもブックマークで、知らないことや、なんだったら興味もないことにいっぱいさらされて、世間というものを知ることができた。

――若いころから自分たちで一つずつ交渉してきた過程が、すでに十分な修業期間だと思いますけどね……。入り口がどこであれ、何かになりたい気持ちが強ければ、最終的には同じところに辿り着くような気がします。

いま「独立」という話がありましたが、名古屋の街は保守的だと言われることもありますよね。そんな中、自分たちがインディペンデントに活動していることを強く意識したり、考えたりすることはありますか？

義隆　どうなんだろう。何をするにしても自分たちの意思でやれるから、そこには自由を感じますけどね。「選挙の話」[※18]でもそうですけど、企業にいたら、そうした強いメッセージも出せなかったかもしれません。でも個人の店では、「みんなに選挙に行ってほしい」というメッセージも臆することなく出せるから、学生さんたちがそれを見て「はじめて投票に行きました」と言ってくれたり、街に自分たちなりの影響も与えることができた。それはインディペンデントな店だからこそやれたことだと思います。

杏子　でも企業にいるから、投票に行こうと言えないのも変だと思うけどね。

義隆　うん。でも会社の窓口としては言えない。……企業のメッセージとしては言えないかもしれないけど、ここみたいに自分の意見が出せる場所もあるから、それを見た人たちが、堂々と自分の意見を言える状況になればいいなと思います。

――ON READING はインディペンデントな店だけど、二人いることが大きかったのでしょうね。今日話してみて、「二人」というのは小さいけど、必要最小限の確かな組織でもあるのだなと思いました。そこには二つの頭、二つの視点がちゃんとあるし、一つずつ話し合いながら決めているから、大きく間違うこともない。それで狂わずにやってこられたということもあるのかもしれないですね。

杏子　うん、そうかもしれない。

義隆　それは大いにある。どちらかが「それ以上は」というブレーキを踏むこともあっただろうし。

※18　みなに「投票に行こう」と呼びかける取り組みの話で、投票の証拠を示すことで、割引や特典などその店独自のサービスを受けられる。ON READING は二〇一六年から、いち早く呼びかけを行っていた。

黒田義隆（くろだ・よしたか）／黒田杏子（くろだ・きょうこ）

一九八二年愛知県生まれ（義隆さん）、一九八一年岐阜県生まれ（杏子さん）。二〇〇六年、名古屋・伏見に「YEBISU ART LABO FOR BOOKS」をオープン。一一年、東山公園に移転し「ON READING」としてリニューアル。作家の展覧会も開催する。〇九年、出版レーベル「ELVIS PRESS」を立ち上げる。主な出版物に『生活フォーエバー／寺井奈緒美』、『(between) YOU&ME／塩川いづみ』、『The Kings／平野太呂』など。

7

本の未来が長野にあった？

❖❖❖

ブック・コーディネーター

❖❖❖

内沼晋太郎さん

謎のひと

旅を続け、人に話を訊けば訊くほど、本屋という仕事に共通する正解などどこにもないことを思い知らされる。どんな仕事もそうなのだろうが、与えられた場所、与えられた条件で、その人なりの花を咲かせるしかないのだ。

店を営むとは、それほど替えの利かない個別な行為でもあるのだが、商売をするあいだには、個人の力ではコントロールできない、時代の変化にも直面する。自分では変わらずにいたくても、いまという時代に合わせていかなければならない局面だってあるのだ。

本屋という仕事を持続可能なものにするためにも、本の世界の内にこもることなく、それを〈いま〉にひらいていくような、もう少し俯瞰した話も必要なのではないか。

そう考えたとき、内沼晋太郎さんの顔が思い浮かんだ。本や書店という文化を愛する一方、その課題について広く現実的に語ることのできる人。残したい価値を残すため、いまに合ったかたちでシステム構築ができる人……。本の世界においてその立ち位置は独特で、そうした人はほかになかなか見当たらない。

内沼さんは、何度お会いしても謎のひとだ。下北沢で「本屋Ｂ＆Ｂ」を経営しながらその町づくりに関わる一方、「NUMABOOKS」という出版や本屋に関わる活動も行っている。また彼は、私塾「これからの本屋講座」で、あたらしく本屋をはじめようとする人をサポートし、長野県上田市に拠点を置く、古書を中心とした大手オンライン書店「バリューブックス」の取締役でもある。

はたしてそんなことが、ほんとうに可能なのだろうか？

社会がコロナ禍の時代に入る前の二〇一九年、内沼さんは一家四人で上田市に移住した。その後彼は、長野県内で、現在居を構える御代田町《みよたまち》に引っ越しをして、いまは御代田と東京・下北沢での二拠点生活を行っている――このように書いていても、まだわたしにはわからないことだらけだが、わからないからこそそこには、新しい可能性があるのだろう。

バリューブックス上田原倉庫

取材当日の朝、上田駅に着き外に出ると、内沼さんがロータリーで待っていた。挨拶もそこそこに、菊池さんとともに車に乗り込む。

「まずはバリューブックスの、上田原にある倉庫を見てもらいましょう」

車でしばらく進むと、窓の外には千曲《ちくま》川《がわ》が見え、何かなつかしい気持ちが心の底から湧き上がってきた。わたしは学生時代、山に登っていたから、長野県にはあこがれに似た感情がずっとあり、いつか住みたいと思い続けてきたのだ。Titleを開店させる前にはロケハンと称して松本まで行き、そこで本屋ができないかイメージしたことすらある。

「上田は、暮らすにはほんとうにおすすめです。個人店もたくさんあって元気ですし、家賃も安い。地方ならどこでもそうだとは思いますが、場所によっては東京の都心部で払う月の家賃で、土地が買えたりします」

内沼さんが取締役を務めているバリューブックスも、上田市内にNABO《ネイボ》という古本とカフェの実店舗を経営しているが、緑豊かな土地に建つ、居心地のよい店だった。この上田や佐久、現在内沼さんが住む御代田あたりは移住者も多く、その人たちのコミュニティも生ま

古本の売買をメイン事業とする「バリューブックス」上田原倉庫。
本はジャンルや作家でなく、出品された日付ごとに保管されている。

れているという。

「着きました。ここです、バリューブックス。大小合わせると五つの倉庫がありますが、この上田原倉庫がいちばん大きい。ここだとすべての流れが見てもらえます」

倉庫の中に入ると、思わず「わぁ」と声が漏れた。この上田原の倉庫だけで常時六十万冊ほどの本が並んでいるというが、実際その姿を目の当たりにすると、とにかく本の物量に圧倒された。


バリューブックスの主な事業は古本の売買だ。全国から届いた本を仕分けたあと、それを自社のサイトやアマゾンなど既存のプラットフォームを使って、全国に向け販売する。

そしてその倉庫は、作業の流れに合わせた

効率的な造りになっていた。

・まず、日に二万冊ほどの本が届くという荷受け場で、全国から届いた本を受け取る

・受け取られた本は仕分け場にて、古本として販売できる本と値段のつかない本に選別される。本のバーコードを読むと、自動的に買い取り価格が表示されるシステムが導入されており、価格のつかない本はその場で荷受け場に戻され、古紙回収のコンテナへと回る[※1]

・買い取り価格のついた本は、次の場所で本の状態などを細かくチェックされ、正式に値段が決められる。本はその後、出品された日ごとに並べられ、客からの注文を待つ

・本が並ぶ本棚を挟んで、仕分け場と逆の方向には出荷場がある。毎日全国から一万冊近くの注文が届くので、出荷場にいるスタッフは届いた注文の伝票を出し、本棚から本を集め、伝票とともに梱包に回す

・梱包された本は、郵便局の局区分ごとに分けられたのち出荷される（本来は郵便局で行う作業を代わりに行うことで、配送料を安く抑えられるとのこと）

これが倉庫で行われている、およその工程だ。人の細胞が常に入れ替わっているのと同じで、まさに「動的平衡」[※2]的。並んでいる本は、マニアが好きそうな文芸書から、数年前のべ

ストセラー、洋書まで様々である。

「辻山さんは大きな店にいらっしゃったことがあるからおわかりかもしれないですが、実用書ってこんなにあるんだなというのが、ここで本を見ている実感です」

「そうですね。いまこうして見ているだけでも、パソコンのマニュアルや英会話、行政書士のテキストなど……。我々がふだん力を入れて売っているような本は、ほんとうに少ないです」

「少ないですね。かなり少ない」

「多くの人にとって本は、やはり実用的なものなんでしょうね」

「それは感じますね。あとはツールとして使われる本ほど、役割を終えると不要になるのだなと……」

※1　廃棄へ回った本の中でも、まだ読めるものは自社のアウトレット店で販売され、絵本などは「ブックギフト」と呼ばれる取り組みにより、年に一度幼稚園や保育園に寄付もされる。

※2　福岡伸一の『新版 動的平衡』（小学館新書）によれば、人間の体を形作る細胞は、絶え間なく壊されては創り出され、高速で入れ替わっているという。昨日と同じように見えても、その中身が同じではないのは、人間もバリューブックスの本棚も同じ。

それぞれの本に過剰な思い入れをしなければ、よのなかに数多《あまた》ある本は、この本棚のような並びになるのだろう。一冊一冊平等に接しているという意味で、それは健全なことのようにも思えた。

しかし会社の倉庫を五つも持ち、これだけの在庫を常時抱えるということは、都心に近い場所では難しい。これはもう古本を扱うビジネスというよりは、倉庫ビジネスとも言えるのではないか。

「それは完全にそうですね。物流倉庫業という側面は大きいです。これだけの規模の倉庫を抱えているのもそうだし、働く人の数も必要になるので、こうしたビジネスを行える場所は全国でも限られてくるでしょう。

働いている人はパートが多いですが、とくに子育て中のかただと、子どもを学校や幼稚園、保育園に預けているあいだでフレキシブルに仕事ができる。これが夕方になると、ひと作業終わって人が少なくなります」

「それぞれの働きやすい時間に来て、自分のペースで作業ができるのですね」

「そう。自由な時間帯で働いてもらうことで、地元の人から働きやすい場所だと思ってもらえる利点があります」

なるほど。確かに働いている人は、若く、子育て世代の女性が多かった。

「……では、そろそろ次に行きましょうか。軽井沢書店に行く前に、先にこのあたりで昼食にして、途中御代田にある僕の家も見てもらいましょう」

そうしたわけで内沼さんの家に行くあいだ、車中では内沼さんの長野での暮らしぶりについて伺う、即席インタビューとなった。

車中にて

内沼　いまは高速に乗っていますが、乗らなくても十分しか変わりません。高速に乗るのは急いでいるときだけで、毎回乗っているわけじゃないんです（笑）。

——わかりました（笑）。ありがとうございます。

内沼　このあたりに暮らしている人の感覚でいうと、一時間程度の距離は近所も同然です。上田や軽井沢もそうですけど、佐久や、そのもう少し南にある佐久

肩書が多すぎる謎のひと、
内沼晋太郎さん。

穂というあたりも面白い。古本屋さんができたり、最近カフェもいくつかオープンしました。

……佐久穂にはちょっと教育にこだわった小学校があるんですけど、近くにはその学校に子どもを通わせている親も住んでいます。そうするとその人たちもだんだんお店が欲しくなって、中には自分で店をはじめる人も出てきました。佐久穂はそのようにして、学校がきっかけとなり町が育っていった感じはありますね。

――へぇ、面白いですね。ここに住んでいる人の感覚としては、軽井沢から、上田や長野あたりまでが、だいたい同じ文化圏に入るのでしょうか。

内沼　そうですね。

――山を挟んだ向こう側、たとえば茅野《ちの》や諏訪《すわ》あたりだと、また違う文化圏になりますか？

内沼　はい。でも、みんな遊びに行きますけどね。諏訪も行くし、松本も行きます。諏訪も最近お店が増えてきましたが、古本屋さんが一軒できて、沖縄で古本屋をやられていたかたが……。

――ああ、言事堂《ことことどう》[※3]さん。

内沼　そうです。言事堂さん。もともとアートの本を専門にやられていたのに、諏訪にはほかに本屋さんがないから幅広くやらなきゃとおっしゃって……。ご本人は「幅広くしたんです」と言うんだけど、僕から見るとまだまだディープ（笑）。面白いお店で、今後の変化も楽しみです。

……いま走っている道は、上田から軽井沢方面に抜ける浅間サンラインという道ですが、僕、この道が好きで、すごく眺めがいいというか、右側はずっと市街で、左側は山。僕の家はここをまっすぐ行ってちょっと右に入ったところなんですけど、ほんとうに気持ちがいいなあと思って、もうそれだけでここに決めました。

――内沼さんは埼玉県の生まれでしたっけ？

内沼　生まれたのは、母親の実家がある山形なんですけど、山形は生まれただけで、物心ついたときから大学生のときまで埼玉に住んでいました。

――埼玉と長野では、ずいぶん世界が違いますよねえ。

内沼　まあ、違いますね。埼玉といっても僕のいた戸田のあたりは、東京の郊外みたいなものでしたから。大学は国立《くにたち》で、大学を出たあともずっと東京に住んでいたので、東京以外の

※3　芸術関連を扱う古書店として、二〇〇七年に那覇市に開店。一一年に閉店し、約一年半の休業期間を経て、一三年一月に長野県上諏訪で再オープンした。

場所に住むという感覚は、ある歳になるまでなかったんです。

やはり大きかったのは子どものこと。子どもは二人とも東京で生まれたんですけど、二人目が生まれるとなったあたりから、東京で二人育てるのはハードなんじゃないかと思いはじめて……。そのころには、バリューブックスの社外取締役にもなっていたから、月に一日か二日、上田には来ていて、いいところだなあと思っていました。バリューの人たちも「内沼さん、引っ越してくればいいじゃないですか」と言うし、そんなに遠くないという感覚もあったので、それもありだなと思って。

上田に来る前は十カ月くらい東京の狛江《こまえ》に住んでいました。それまで都心に住んでいないとダメだと思い込んでいたのが、狛江からでも大丈夫なら、上田からでも行けるでしょみたいな（笑）。

――飛躍がすごい（笑）。

内沼　ちょっと飛躍はあるんですけど……。そのときはコロナが広がる前でしたから、まさかこんなにZoomで会議ができるようになるとは思わなかった。その後状況が変わり、みんながネットで会議をしはじめたから、これならやっていけるなと思いました。

――うちは子どもがいないのですが、東京では子育てがしづらく、二人いたら難しいと思われた理由はなんでしょう？

内沼　いろいろありますね。もちろん保育園に入るのが大変ということもありますが、東京では子連れでどこかへ出かけるのにもひと苦労です。道も狭いので、子どもが走り回る時期になったとき、家からパッと出たらすぐに道路があるし、公園も人が多くて一つのすべり台をみなで取り合っている状況です。

一方で上田に社外取締役として通っていたとき、こちらで同僚たちが子育てしている姿を見ると、もともと車社会だから子育てが楽そうなんですよね。どこへ行っても広々としているし、公園もかなり広い。飲食店も、こちらではどこのお店も……

――みんな家族連れで入っていく。

内沼　そうなんです。子連れＮＧみたいな店がほぼないので、仕事がやっていけるなら、こちらのほうがいいなと思いました。

下北沢での書店経営

車中では、最近神奈川県に引っ越したという菊池さんが、内沼さんの長野での暮らしぶりを目の当たりにして、ずっとため息をついていたのが可笑しかった。ここでの暮らしにかなり心を奪われている様子である。

その後、御代田にある内沼さんの家にお邪魔して、壁一面の本棚も見せていただいたあと、インタビュー場所である「軽井沢書店中軽井沢店」に移動した。

軽井沢書店は、全国に「蔦屋書店」などを展開するCCC（カルチュア・コンビニエンス・クラブ）が運営母体の複合型書店。雑木林に囲まれた静かな敷地に、書店だけではなくカフェやコワーキングスペースも併設している。軽井沢の別荘族と思われる人たちが、サングラス姿で、ぽつ、ぽつと、パラソルの下に寝そべっており、日本の地方でもかなり特殊な場所のように思われた。

——まずは内沼さんが経営する、B&Bのことから話を伺います。同じ下北沢でも、店がボーナストラック[※4]に移ってから、これまででいちばん本が売れるようになったと聞きました。その要因はどこにあると思われますか？

内沼　そうですね。スタッフの成長もあるのですが、前提となる場所の力も大きいかなと思っています。

——わたしも店に行きましたが、ずいぶん明るくなった印象です。どういう雰囲気の場所を心地よいと思うかは人それぞれですが、明るいってやっぱり大事だなと。

内沼　僕もそう思います。これまでは良くも悪くも……

大人だって、泣いたらいいよ ＊
紫原さんのお悩み相談室

紫原明子

四六判／256頁／定価1738円

あなたのお悩みを解決に導く、新感覚のお悩み相談。「度量が広すぎる」と話題を呼んだ大人気のウェブ連載が、笑いと優しさ増し増しで書籍化。

生命海流 GALAPAGOS

福岡伸一

A5判／256頁／定価2090円

絶海の孤島で繰り広げられる大自然の営みと進化の不思議を、ユーモア溢れる文章と美しい写真で描き出す、ガラパゴス航海記。

図解 鎌田實医師が実践している
認知症にならない29の習慣 ＊

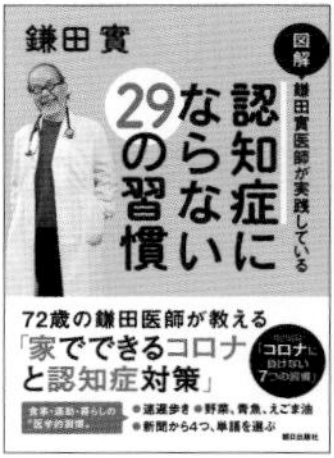

鎌田實

A5判／124頁／定価1408円

72歳の現役医師・鎌田實が毎日の習慣にしている、医学的に正しい認知症予防方法を豊富なビジュアルとともに紹介。

音声学者、娘とことばの不思議に飛び込む ＊

川原繁人 著

四六判／280頁／定価1925円

人はどうやって声を出しているの? 子育て真っ最中である音声学者が解き明かす、最も身近で不思議な音とことばの世界。

夏井いつきのおウチde俳句 ＊

夏井いつき

A5判／172頁／定価1848円　「俳句大賞」投句用はがき付き

どこに居ても、いつだって俳句はつくれる! なにげない日常の中に「俳句のタネ」を見つけるワザと、誰でも簡単に俳句がつくれる秘訣をやさしく教えます。

十皿の料理 ＊

斉須政雄

四六判／184頁／定価1980円

フランス料理レストラン「コート・ドール」のシェフが語り下ろす、創造性と誠実さに満ちた十皿の定番料理。究極の味わいに潜む料理への深い思い。

エモい古語辞典 ＊

堀越英美 著 / 海島千本 イラスト

四六判／184頁／定価1782円

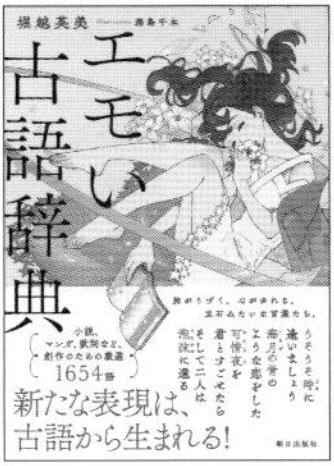

新たな表現は古語から生まれる! 現代の文章でも使える伝統的でみやびやかな雅語まで、1654語厳選して詰め込みました。

答えは風のなか

重松清 著 / ミロコマチコ 絵

四六判／288頁／定価1815円

この気持ちは、なんだろう? いま、心のなかにある感情はこれからどこに行くのだろう。『きみの町で』に続く10の物語。

きみの町で

重松清 著 / ミロコマチコ 絵

四六判／168頁／定価1430円

あの町と、この町、あの時と、いまは、つながっている。初めて人生の「なぜ?」と出会ったとき、一緒に立ち止まって考え、並んで歩いてゆく、8つの小さな物語。

下北沢・ボーナストラックに移転した
本屋Ｂ＆Ｂの店内の様子。

内沼　ええ、わかります。

――店の広さに余裕があるので、小さな個人店では展開の難しい雑貨を置いたり、ブックフェアもできるでしょう。このサイズの店が機能していけば、全国にある本屋さんが、より豊かになるという気はしますけど。

内沼　いや、それはほんとうにそう思います。やはり店員に気づかれずに入って来て、出て行くことができる匿名性を本屋さんに求めている人は多い。しかしB&Bや恵文社みたいなサイズの店がちゃんと成り立つのも、それはそれで難しい。経営している側からすると、どんどんやったらいいじゃないというほど簡単ではありません。

――経営的に難しい理由は、やはり家賃と

人件費ということになるのでしょうか？

内沼　そうです。とくに人件費ですね。これがチェーン店であれば、お互い人員を融通し合えるじゃないですか。でも一店舗しかないと、たとえば誰かに健康上の問題が起こったとき、そのままだと店は回らないから、新たに人を補充する必要がある。そうすると、人件費ばかりがふくらんでいきます。長く働いている人には給料もアップしてあげたいし、急に誰かが辞めてしまうことだってあるから、人はすごく変動があるんですね。

家賃は最初から決まっているし、変動しないからいいんですけど、人のほうは安定したメンバーで運営できるわけでもないので、そこが経営的には難しい。二〇一二年に開店してからずっと、その波乗りを続けてきた感じです。

――そのあいだ、変わらなかったこともあるのでしょうか？

内沼　それは品揃えの核みたいなところかな。その時々で、来るお客さんに合わせていくところはありますが、「僕らは大型書店じゃないんだから、数字で効率を見て棚づくりをするのはやめよう」という話はずっとしています。「うちで売れるから置く」はやるけど「よのなかで売れているから置く」はやらないし、店で自分たちなりの世界を表現することは、ずっと守っていることですね。

――お客さんのほうもそのあたりはうまく使い分けしている印象です。よのなかで売れて

いる本はどこの店で買ってもいいけど、このジャンルの本に関してはこの店ががんばっているから、なるべくならそこで買いたいとか。

内沼　そうですね。同じことをやり続けているうち、お客さんのほうもついてきます。この手の本はB&Bならあるなと、お客さんがわざわざ来てくれることもある。とくに外国文学や人文書の新刊など、初刷で二～三千部しか発行されていないようなもの。そうした本は、B&Bに行けばだいたいあるというところまではきていると思っています。それはスタッフが替わっても、なんとなく受け継がれていることではありますね。

本屋をやりたいという人が、こんなにいるとは思わなかった

――わかりました。そして内沼さんはB&Bを経営する一方、個人で新しく本屋をはじめようとしている人のことも応援されています。たとえば、わたしも一度ゲストで呼んでいただいたことのある「これからの本屋講座」[※5]。こちらは、いまも続けられている

※5　内沼さんが主宰する、「広義の〈本〉を扱う人＝『本屋』」をこれからはじめようという人のための講座。講座は全五回行われ、二〇二二年開催の十四期までで受講生は百七十名を超えた。

のでしょうか。

内沼　そうですね。不定期で続けています。

―― この講座は、もともとどういった理由ではじめられたのでしょう。『これからの本屋読本』を読むと、横浜のみなとみらいに「BUKATSUDO」というシェアスペースができて、そこで何か教えなければならなくなったという話が書かれていました。でもそうなったときわざわざ本屋教室を行おうと思ったのは、小さな本屋の芽を育てていきたいという思いもあったからではないでしょうか？

内沼　そうですね。そう思ったんでしょうね……。最初立ち上げたときはいつまで続けるかもわからなかったし、そこから実際店をやる人が生まれるかどうかもわからなかった。でも僕が人に何かを教えられるとしたら、それしかないなと思って……。

講座に対してたくさんの反響があり、ありがたいことに全国で卒業生たちが本屋をやっています。僕自身も正直、いまのほうがアドバイスの精度も上がってきていると思いますが、それを求めている人がこんなにいるんだなと……。

―― それは意外でしたか？

内沼　意外でしたね。いまも意外です。

―― いまも意外ですか。

内沼　そうです。とくに地方の場合だと、お客さんがその場所にどれだけ来るかはほんとうにわからない。僕もいろいろ調べたりはしますが、全国すべての場所を知っているわけではないし、その人が出店しようと思っている場所のほんとうのことはわかりません。

僕の講座では、本の仕入れかたなどは教えられるけど、それ以上のことは属人的になるから、「とにかくコストを下げなさい」ということを最初に言うわけです。「無理をせず収入源は残しておきましょう。タダで使える場所を探しましょう。その中で自分の空き時間だけで開けられる本屋の形をつくりましょう」というところからまずははじめてみる。そしてそれがうまくいけば、その本屋を少しずつ広げていくのは、その人ができることじゃないですか。

――家賃を払ってもっといい場所でやるのか、本屋をしている時間を延ばしていくか。

内沼　そうそう。そうです。これが都心だと「タダで使える場所」という話が成り立たないけど、地方だとあり得るんですよね。空いている場所はどこかにあって、そういえば誰も使っていない物件があるとか、市町村から補助金が出るとか……。

それ以外にもその人に持ち家があるかなど、講座ではとにかく具体的な話を聞いていきます。それでなるべく「それならばできそう」というところまで持っていく。

――ただ、それを聞いてわたしがモヤモヤするのは、わたしは本屋を専業でやっていますよね。フルタイムで本屋をやっていて、それだけで食べている。それってもう、ほん

とうにできないことなのかなと。

内沼　いや、僕はそれもできると思う。だって辻山さんはやっているし、ほかにもやっている人はたくさんいますよね。僕のところを卒業した人でも、たとえば本屋ルヌガンガ※6の中村さんや、広島県福山市で本屋UNLEARN《アンラーン》※7という店をやっている田中さんなどは専業のはずです。ほかの収入がなくても、それだけでなんとか続けている人もいる。だからできる人はできるし、逆を言えば、そこまでは教えられません。

——本を読んでこなかった人に、一から本の知識を教えることが難しいのと同じかもしれないですね。

内沼　そうです、そうです。それは全五回の講座ではとてもできない。本の知識や本屋としての勘所——商売の感覚や、地域の人たちとどうやって合わせていくかなど——、それをはじめての人にできるようにしてくれと言われても、それは難しいなと……。ただ、この人はできそうだなという人に、思い切り背中を押してあげることはできますけどね。

——そうですね。

内沼　そういう人はやはり覚悟が違うんですよ。僕のところに来ているときから覚悟も違うし、そういう人には教えられることはすべて教えます。でも勢いだけあって知識はないという人に、いきなり専業でやれとは言わない。

――しかし、新刊書店でも古本屋でもいいのですが、一度そうしてフルタイムで本屋をはじめた人は、不思議とやめないですよね。これだけ本屋が苦しいとか、儲からないと言われ続けている中で、やめたという話もあまり聞かない。飲食店だって、新しくオープンした店の半数が、二年以内に閉店していると聞きますから。

もちろん経済上の理由や、ご自身の健康状態など、様々な理由で畳まざるを得なくなった店もあると思いますが、個人の本屋では新しく出した店のほうが多い印象があります。

内沼　ありますよね。僕もそう思います。

――この現象ってどういうことなのだろうと、思ったりもするのですが。

内沼　確かにそういう人は、一度そのように覚悟が決まると意地でも続けようとする。それは腹の括《くく》りかたの問題で、一度覚悟を決めればもうあとには引けないというか。

※6　香川県高松市亀井町にある、中村勇亮さんが店主を営む新刊書店。二〇一七年八月オープン。看板の「本」の字は、装丁家の平野甲賀の手によるもの。選書の良さにも定評がある。

※7　高校で国語を教えていた田中典晶さんが二〇二〇年一月に開いた新刊書店。展示や選書サービスも行う。

——その人の、生きかたとしての問題。

内沼　そうですね。ただビジネスでやっているわけではなくて、なんとしてでも、本を売ることで生きていこうとする……。結果やめないということなんでしょうね。

——それは思うなあ。

内沼　あと、やめられないのは本人の意志もあるとは思いますが、そうした覚悟でやっている店には、自然とお客さんもついてくる。ここで自分がやめたら、ここに来ている人たちはどこに行くんだという、ある種の使命感みたいなことなのでしょう。

——そうなんですよね。不思議なのは、最初は縁もゆかりもない場所だったかもしれないけれど、続けているうちにだんだん顔なじみの人が増えてくること。そうした不思議さが店を開くということ、誰かと関わりを持つことなんだなと思いながら、店を続けています。

本に関心のある自治体や企業

——地方との関わりで続けますと、青森県の八戸ブックセンターの話も訊かせてください。八戸ブックセンターは八戸市が運営している書店ですが、それはどのような経緯

ではじまったのでしょう？

内沼　ブックセンターが開店したときの八戸市長の選挙公約の中に、「本のまち八戸の拠点施設として、八戸ブックセンターをつくります」というものがありました。しかし「つくります」とは言ったものの、はたしてどんな書店をつくったらいいのかわからない。それで僕のところに話が来ました。

――店の運営をするのは、八戸市の市役所のかたがたになるのでしょうか。

内沼　そうですね。正確に言うと働いている人には三種類いて、まずはもともと八戸市で働いていた市の職員ですね。もう一つは僕も採用に携わりましたが、会計年度任用職員で、東京などの都市部から移住してきた人たち。

――森さん夫妻[※8]のような。

内沼　そうです。森さん夫妻や、ほかにも何人かいるんですけど、基本、その多くは書店経験のある人たちです。

そして最後の一つ。実際にレジに立ち、発注や返品などの業務をしているのは、八戸に本

※8　森佳正、花子夫妻のこと。二人とも代官山蔦屋書店に勤めていたが、八戸ブックセンターの求人を見て応募を決意。花子さんはイラストレーターとしても活動。

社のある書店が雇用している人たちです。伊吉《いきち》書院、カネイリ、木村書店[※9]という三社で、「八戸書籍販売」というＬＬＰ（有限責任事業組合）をつくってもらい、八戸市がそのＬＬＰに業務委託をしているという流れ。

なぜそうしているのかというと、行政が書店をやるとなると、当然地元企業との競合、民業圧迫という問題が起こります。それを避けるために地元企業と協業してやっていくところをつくり、日ごろからミーティングもしながら、それぞれ共存する道を図っていく。たとえば出版社からの企画が来たとき、ビジネスベースでは成り立ちにくいけれど、文化的な価値のあるものを引き受けるのが、八戸ブックセンターの役割です。そうした難しい領域だからこそ行政がやる意味がある。

――八戸ブックセンターができる前は、伊吉書院やカネイリに行っても置いていなかった本、やっていなかった企画ということになりますね。

内沼　はい。読む人が限られていてあまり売れないから、これまでは地元の書店で置けなかった本を中心に、ブックセンターでは品揃えをしています。だから、逆に売れそうな本の話が来たときには、ブックセンターではなく地元の書店でそれができるようとりまとめをする。地方都市で、個々に本屋をやっているだけではつくれない関係を構築するといった役割も、ブックセンターにはあります。

——店はもう七年になりますよね。八戸ブックセンターができたことで、実際に街が変わってきたという印象はありますか。

内沼　そうですね。……もちろん行政がやることなので、最初からいまに至るまで、反発がないわけじゃないと思います。ただ街に溶け込んでもいるし、街が変わってもきている。実際近くにブックカフェをオープンした人もいるんですよ。最初は、無理やり「本のまち」と言っていたかもしれないけど、それが「そんなに言いすぎでもないかな」というくらいにはなってきた。

　この間、作家を何人も招いて、イベントをやってもらったりもしているので、八戸のことを書いてくれる人や、わざわざ八戸まで来てくれる人も増えてきました。少し大げさですけど八戸という街が、本に関わる人たちにとってちょっと特別な、八戸ブックセンターがあるところだよねという認知をつくるところまではできたかなと思っています。

——店の運営も順調でしょうか。

内沼　はい。でもそれは森さん夫妻をはじめ、入った人がよかったからだと思う。それこそ森さんたちも、いまや八戸に骨を埋める覚悟もしているのではないでしょうか——まあ、知

※9　取材時。木村書店は二〇二三年十二月に閉店。九十六年の歴史に幕を下ろした。

りませんが（笑）。でもほんとうに、メンバーに恵まれてこそというところはありますね。

——結局は人なんですよね。行政や企業が何かをはじめるとき、最初はいいのですが、三年経って担当が替わった、五年経ったらまた違う人になったということも多い。そうしているうちに最初の志は受け継がれず、ハードは残っても中身がまったく変わってしまったというのは、ほんとうによく聞く話です。

町づくりということで言いますと、ボーナストラックにB&Bがあるのも、町に〈本〉があることで、下北沢に人が集まる要因にもなっていますよね。町にはこれからも本屋が必要ですという話もよく言われることですが、では、なぜ本屋が必要なのかと聞かれた場合、内沼さんならどのように答えますか？

内沼　町づくりに投資する主体というのは、基本的には自治体か、民間だと鉄道会社など、そのエリアにたくさんの土地を持っている会社なんですよね。その人たちにとっては、その町での暮らしが豊かであることが重要で、その豊かさには、誰かとコミュニケーションできる場所や、知的な刺激を受ける場所が必要とされる。そうした場所の一つとして、本屋が求められるのではないでしょうか。

それは図書館でもいいのかもしれないけど、やはり図書館には、人が持っているイメージが強すぎる。どれだけ言っても、図書館には行かない人たちがたくさんいるというか……。

——はい。

内沼　でも書店や、本を売っている場所なら、場所の大きさや在庫の数も自由に変えられるし、違う商材と組み合わせるなど、いろいろなかたちでつくり込むことができる。その町の課題に合わせたやりかたで、本のある場所をつくることができます。

——なるほど。確かに図書館よりも、お金を払って商品を受け取る〈店〉のほうが、気軽に利用できる人が多いのかもしれません。最近では図書館に小さな書店が併設されている施設の話も聞きますが、そうした場所では図書館と書店、双方の利点がありそうです。

内沼さんは企業との仕事も多いと思いますが、なぜ彼らはわざわざ書店をつくろうとするのでしょう？

内沼　それも、先ほど話した「本屋がなくなることが嫌だからなんとかしたい」という気持ちが、個人だけではなく企業も動かしているのだと思います。

どの会社も、そのミッションを大きく掲げていますよね。そうしたミッションが、本や本屋の目指すものと近い会社はたくさんあって、本屋が減っている状況と自分たちのやろうとしていることが重なった瞬間、本屋をやろうとする会社が現れるのだと考えています。

――最後に、本日見せていただいたバリューブックスの話をしましょう。わたしはふだん新刊の世界しか見ていませんが、内沼さんのように片足を古本の世界に置くと、見えるものもまた変わってくると思います。本が出版社から発行され、新刊書店で売れていったその先に、「リユース」という世界が広がっている……。そうした循環を見ているうちに、本の世界全体としての課題が見えてくることはないでしょうか。

内沼　いや、それはもうおっしゃる通りですね。バリューブックスにいると、取次や出版社にとってのある種の課題を解決するような、新しいオルタナティブをつくっていくことができると思っています。具体的には、新刊本の流通に関わっていきたいと思っている。

少し大げさなことを言うんですけど、これまでどうやって本を全国津々浦々にまで運んでいたかと言えば、そこには雑誌が売れている状況がありました。利益の出ている雑誌をエンジンにして、書籍も同時に流通させるかたちで、取次の経営がここ何十年間か成り立ってきた。でも、この雑誌が売れなくなったとき、何か雑誌に変わるものがあるのかといえば、僕はそれが古本だと思っているんです。

――ほう。

内沼　もちろん大手の出版社などは、既存の取次をベースにした流通を続けると思うんですよ。日販はＣＣＣの子会社であるカタリスト・データ・パートナーズと業務提携しましたし、講談社と集英社、小学館も、丸紅と一緒に流通の会社をつくっている。でもそれは、どちらも効率化に向かう話だから、売れるものをより売っていこうとする方向性ですよね。そうすると、これはすでに起こっている話でもありますが、中小の出版社などは効率が悪いからと、その流れからは少しずつ振り落とされていく。いま新しく出版社を立ち上げた人も、大手の取次には口座をつくってもらえません。

書店にしてみても、いま中小の書店を開いたところで、なかなか簡単には、日販やトーハンの口座をつくってもらえないじゃないですか。それで新しく本屋をはじめた人たちも、直取引や子どもの文化普及協会、八木書店[※10]など中小の取次を組み合わせて、書店の体裁をつくっている。本の世界がどんどん二分化している状況です。

大手出版社と大手取次、大手書店という既存のサイクルは変わらずに残るけど、ここから振り落とされてくるものが増えてきたとき、本の多様性を維持するためにも、効率化とは別

※10　人文書を中心に約三百二十の出版社の書籍を取り扱っている専門取次店。

の軸で、本を仕入れるための仕組みが必要になる。先ほど見ていただいた通り、バリューブックスは数冊単位での小口の発送も得意だし、大きな倉庫も持っています。だから出版社の在庫を預かりながら、新刊書店に対しての発送もできる。

――バリューブックスが持っている古本の流通網を利用して、既存の新刊流通からはこぼれてくるものを拾っていく――中小の出版社と書店とをつなぐということですね。

内沼　そうです。……これは大きなことを言っているのはわかっているのですが、この仕組みをつくるとしたら、僕がバリューブックスでやる以外、誰がやるんだよというふうに思っていて。まだ自分が勝手に言っているだけで、必ずしも会社全体がそちらに向かっているというわけではないのですが、自分としてはいまその仕事にかなり突っ込んでいるつもりです。

――新刊の業界と古本の業界は、ほんとうはもっと近くにあってもいいんだけど、交わらないことのほうが多いですよね。その垣根がなくなれば面白いし、新刊と古本がうまく交わっていけば、お互いが流入し合うという未来が見えてきます。

内沼　ほんとうにそうですね。実は先ほどの話の中には、古本の卸ということも含まれています。新刊書店でも別業種の店でもいいのですが、その人たちの商売のメニューの一つとして、利益が出る金額でバリューブックスが古本を卸す。さらには店頭に古本が持ち込まれてきたとき、店の人自身が買い取りできないかと考えています。古物商[※11]は取る必要がありますす

「えっ？」

「だって辻山さん。メールで僕のことを〈謎のひと〉だとおっしゃったじゃないですか。今日一日一緒にいて、その謎は解けたのかなと思って」

いや、どうだろう……。手掛けている仕事や、その人となりはよくわかったけど、かえって謎は深まった気もする。だって内沼さん。いま話してくれたようなことを、すべてひとりでやっているのですよね？

内沼晋太郎（うちぬま・しんたろう）

一九八〇年生まれ。NUMABOOKS代表、ブック・コーディネーター。株式会社バリューブックス取締役、新刊書店「本屋B&B」共同経営者、「日記屋 月日」店主として、本に関わる様々な仕事に従事。また、東京・下北沢のまちづくり会社、株式会社散歩社の取締役も務める。著書に『本の逆襲』（朝日出版社）、『これからの本屋読本』（NHK出版）などがある。現在、東京・下北沢と長野・御代田の二拠点生活。

コラム 2

旅の合間に

人にしかできない仕事

ある日わたしのＳＮＳでは、大手書籍取次会社が手掛けると発表した、無人店舗の書店[※1]のことが話題になっていた。今後はその店を増やしていくことで、空白地帯や後継者不足といった書店業界が抱える問題の解決を目指すという。書店経営を圧迫する要因の一つは人件費。だからこその無人化であり、本に触れることのできる場所をこれ以上減らしたくないという意図もよくわかる。

無人店舗で言えば、数年前にアメリカの「Amazon Go」が話題になった。日本でも、都心のコンビニやキオスクで見かけるようになったから、考えられる流れではある。もちろんそれは、情報技術の進化のたまものには違いないのだろうが、わたしにはとても夢のある話だとは思えなかった。店内に誰ひとり人がいない光景を想像してみると、そこまでして続けようとしなくてもと思ってしまうのだ。悪いけど。

無人店舗に対する違和感とは、そこに人間がいないということに尽きる。そもそも仕事とは、明日のパン代を稼ぐのみならず、その人がそこから人間としての誇りや幸せを得るためのものでもある。人間不在の仕事なんて誰のために存在するのか、頭では理解しても、結局は腑に落ちてこない。

そして本は、商品であると同時に、読者の一生を決めてしまうかもしれない可能性を秘めた〈爆弾〉でもある。人を入れずに売上だけ稼ぐといった思想でつくられた場所には、売れているものをさらに売るといった、最大公約数の品揃えがなされるだろうから、手にした瞬間「これはわたしのための本だ」と感じさせるような特別な本との出合いは、あまり期待できなくなるだろう。

我々は明日のパン代を求めるあまり、自ら進んで人間であることを放棄してはいないだろうか。

いま社会で同時多発的に起こっている動きに目を向ければ、そのように思うことがあまりにも多い。

前章で内沼晋太郎さんは、出版社と取次、書店をめぐる動きについて、「本の世界がどんどん二分化している状況」だと語った。大手出版社

※1　「ほんたすためいけ溜池山王メトロピア店」。二〇二三年九月に開店した。

と大手取次、大型書店からなる従来の〈大きな本の世界〉と、最近増えてきた小規模な出版社やインディペンデントな個人書店からなる〈小さな本の世界〉。こうした二つの世界は交わることもあるけど、その取引形態やそこで扱われている本を見れば、まだまだ別の世界と言うしかない。実際、旬のベストセラーを中心に品揃えをしたチェーン店に足を運ぶと、同じ本屋とは思えないほど、Title とは雰囲気も来ているお客さんの層も異なっている。

小さな本の世界で扱われている本は、妙に大きかったり少し小ぶりであったり、その一つ一つには規格外でヘンなところもあるから、大きな本の世界では必ずしも歓迎されないかもしれない。だがそれでも、ほかでは見つけることのできない固有性を宿している。

何というか、とても人間臭いのだ。

そしてそうした本を進んで扱うインディペンデントな書店にも、それぞれ独特なクセがあって、そこにいる人たちも少しずつ変わっている。

しかし、それを必要としている人はどこかにいるもので、そのことは結局、人を癒やす仕事は人が行うしかないということを表しているのではないだろうか。

「いま世界は、間違いなく困難な方向に向かって進んでいると思うんですけど、おそらくこれだけ愚直というか、淘汰されつつある働きかたには、ますます価値があると思っています。これから人間にとって必要な仕事の一つにできないかな、なるんじゃないかなと思って」

長谷川稔さんは、店に来る一人一人のパーソナルなことに目を向け、「その人と一緒にやる」かたちで店をつくっていた。それは本を並べる際、それを必要とする誰かを想像しながら店をつくっているということだ。本人は悠長な話と笑っていたが、抽象的な〈数〉ではなく、特定の誰かに向けた宛先のある仕事を行っているから、店の空間には血が通っている。

この旅で出会ったのは、その濃淡や方法に違いはあっても、それぞれ大きなシステムが取りこぼしたものを拾い、人にしか行うことのできない仕事をしようと努める人たちだ。

そしてそれこそが、本来の本屋のありかただといえるのではないか。

本はずっと少量多品種で成り立ってきた商売である。それは世界が多様であること、それぞれの個人が替えの利かない存在であることを示しているが、本はそのように人の個別性と深く結びつくものだから、人を均一たらしめる動きには、そのカウンターとなるべきものなのだ。

だから売れている〈強い本〉ばかりに目を向け、そこから取りこぼされる〈弱い本〉を切り捨てることは、もともと本が持っている性質とは真逆のものだと言える。我々はみな弱い個人の集合体だが、本が人間にとって必要なものであるというのであれば、その個別性を認め、それを一つずつ拾っていくことからはじめるしかない。本をめぐるシステムこそ、〈弱さ〉を支えるものであってほしい。

ＳＮＳでは言わない

本屋に限らず、いま店をやっている大勢の人にとって、インターネットやＳＮＳ、そしてその先にいる消費者とどのようにつき合うかが、隠れた大きなテーマとなっている。それは時代精神をどのように受け容れるかということであり、その人本来の仕事とはまったく関係のない話だ。

もう数年前のことになるが、ある晩、いつものように店のＳＮＳを開いてみたら、グルメ情報を発信する見知らぬアカウントが、Title のフレンチトーストのことを紹介していた。

「そういえば昼間、そんな人が来てたわね」

アヤコさんが言った。

あまり店には来ないタイプの人だったから、憶えているという。その男性は、フレンチトーストを出してもすぐには食べようとせず、いきなり立ち上がり、ときにはかがみこむなどして、様々な角度からカシャカシャ写真を撮りはじめたので、彼女はかなり興ざめしたらしい。

そして驚くべきことに、そのアカウントは百万以上のフォロワーがいたので、彼の投稿はみるみるうちに拡散されていった。三百だった「いいね」の数は、十分後には千を超えていて、次に見たときはもう五千近くにまで増えていた。わたしは、自分の顔から血の気が引いていくのがわかった。

実はその前にも、ただフレンチトーストだけを食べに来る人の数が急に増えたことがあり、調べたところ、影響力のあるアカウントに紹介されていることがわかった。店のカフェはもともと席数が少なく、フレンチトーストもそれに合わせて一日数食しか用意していないから、そのときは投稿を見て店に来た多くのかたをお断りすることになった。

「本日はもう売り切れなんです」

そのように伝えると、彼らは一様に「あぁ」と言って、ほかのメニューを注文することもなく、そのまま店を出ていった。

　そうしたことが続けば、店を続けるこちらの気持ちも折れてしまう。このままでは今回も同じことになるのは目に見えているので、そのアカウントの管理人には「本屋に併設したこぢんまりとしたカフェであること」、「以前にも同じようなことがあり、わざわざ店まで来たお客さんをたくさんお断りして迷惑をかけたこと」を伝えた上で、できれば投稿を取り下げてほしいとダイレクトメッセージを送った。

　彼からはしばらく経っても返事がなく、投稿も残ったままだったから、翌朝、今度は同じ内容の文章を、公開されていたメールアドレスに送った。送ったメールには何の返信もなかったが、しばらくすると該当する投稿だけが、最初から何もなかったかのように削除されていた。

　商売上、このアカウントに紹介されたい店や経営者は多いのだろう。しかしそのような店は、スタッフの人数も十分に確保した上で、人通りの多い場所に出店してたくさんのお客さんを入れたいという考えだろうから、多くのフォロワーからの反応を稼ぎたいそのアカウントの方向性とはもともと親和性がある。

　もちろんわたしも、自分が出す本の情報をなるべく多くのかたに見てもらいたいと思っている。ただそこには、「それを必要とする」といった但し書きがつくのであり、数が多ければ誰でもいいというわけでもない。本やTitleのことに特に興味があるわけではない人が店に来ても、お互い望んでいるものが違うから、そこに置いてある本が売れることもなく、気まずいすれ違いがあるだけなのだ。

堀部篤史さんとの話では、集中的にそうした話題になった。それはわたしたちのあいだでは、経験上よくわかっている話であったが、店を利用するだけの人にとってはあまり考えてみたことのない、受け取りようによっては挑発的ともとれる内容だったかもしれない。

作家で編集者の友田とんさん[※2]も、どこかでこの堀部さんとの話を読んでくれたようで、店に来たとき面白かったと感想を伝えてくれた。

「でもこの話でよかったことは、掲載された媒体が、ある意味手に入れにくい、クローズドな紙の雑誌だったということではないでしょうか。これがインターネットの記事だったら、望まないかたちで話がひとり歩きしてしまったかもしれないですし……」

※2　出版社「代わりに読む人」代表。著書に『ナンセンスな問い　友田とんエッセイ・小説集Ⅰ』(エイチアンドエスカンパニー)、『パリのガイドブックで東京の町を闊歩する1〜3』(代わりに読む人)など。世界にはユーモアが欠けていることに気がつき、「ユーモアでやっていく」文筆活動を決意。

その通りだ。意識してアクセスした人だけが手に取る媒体だからこそ、匿名の誰かから揚げ足を取られることもなく思い切った話ができるし、言いたいことも伝わりやすい。

正直に言えば、いま単純に数のことだけを考えれば、紙のメディアよりもウェブメディアのほうが、多くの人に読んでもらえる可能性が高く、ダイレクトな反応も届いてくる。それは歴史や信頼性とは別の話で、それぞれのメディアとしての特性なのだと思う。

しかし、タダで、簡単にアクセスできるものには、それ相応の落とし穴もある。ウェブメディアでは瞬時に情報が伝わり、その拡散力も大きいが、受け取るものの感情や欲望に直接触れてしまう場合が多いから、ハレーションも起こしやすい。整理・咀嚼されないまま、生の情報だけが流れてしまうので、それを伝える声の大きさにウェブ内の空気が簡単に引っ張られていくのだ。

さらにウェブの空間においては、行った仕事に対する対価もあいまいだ。記事はほかの媒体からの転載も多いし、原稿料にしても、紙のメディアに比べると安価な場合が多いと聞くから、どうしてもコンビニエントな記事が増えてしまう（テレビで有名人が発言した内容が、一時間後にはさも取材したかのような体でネットニュースとして配信されるなど……。あれなどは〈仕事〉といえるのか、いつも考え込んでしまう)。

　そうした〈ブルシット・ジョブ〉※3には、マイナスの感情が入り込んでくる余地も多いのだろう。ネット上に散見する、簡単に書かれたと思わせる記事を辿れば、安く買いたたかれた結果としてのねじれた思いがあるのではないか。そしてそのことは、いま社会をうっすらと覆っている倦怠感、他人に対する誹謗中傷や無関心と、無関係ではないと思う。

　……少し話がそれてしまったが、そのようなウェブ空間と距離を置きたい気持ちもあり、わたしはいつからか、大切なことは直接SNSでは言わないことにした。商売上、入荷した本の情報発信や告知宣伝などは積極的に行うが、自分の考えや大切にしたい思いなどはもう少し引いた場所――紙のメディアや、ウェブでもそのサイトに行かないと見ることのできない、ある程度長い文章――で書くようにしている。SNSで生の気持ちを短く、強く言えば、それなりの反応もくるのだろうが、人の反応と引き換えにして、自分の大切な芯ま

※3　会議のための会議、ただ上司の体裁を取り繕うためだけにある仕事など、人類学者のデヴィッド・グレーバーによる快著『ブルシット・ジョブ　クソどうでもいい仕事の理論』（岩波書店）により一躍光が当てられた、「どうでもいい仕事」の概念。

で売り渡してしまったような気になるのだ。

そしてそれは本を売る際も同じで、「これを言えばすぐに売れる」とわかっているとき、わたしはわざとそれを言わないようにすることもある。

限定○冊しかない貴重な本、人気作家のサイン本、そうした人の消費欲をくすぐるものは、「入りました」と投稿すればすぐに問い合わせがくる。そして数時間も経たないうちにすべて売れてしまい、その本がそこに存在していたことなどウソのように、跡形もない。

そうした一連の流れは、ほぼ前もって想像していた通りで、その仕事をどうしても行わなければならないとき、わたしは決められたことを決められたように淡々と行う。大きな売上はそれだけ人の欲望を喚起し、一歩間違えればクレームなどの副作用となって我が身に降りかかるものだから、慎重にならざるを得ないのだ。カンフル剤のごとき売上は決していいことばかりではなく、同じだけの疲労感と虚しさが伴うのである。

その一方で、ある人が前情報なく、本を偶然見つけてくれたときの高ぶりを見るのはうれしいものだ。こちらもそのよろこびを分け与えてもらえた気になるし、そうした人のほうが、ＳＮＳという人の声を増幅させる装置に反応した人よりも、売った本を大切にしてくれそうな気がする。売上としては小さなものかもしれないが、そうした心の通った応答が、商売を続けていく上での原動力になるのだ。

　だからわたしは、わざと人をはぐらかし、ときにはわかっていても何も言わないほうを選択する。それは長くこの仕事を続けるため、自分を守っていくための方便でもある。

> なぜ一度も会ったことのない人が、
> 僕のことをこんなにわかっているのだろう？

「大きな声でものをいうと、届かなくてもいいところにまで届いてしまう」

　これは二〇二三年に惜しまれつつ閉店した、鳥取にある定有堂書店の店主・奈良敏行さんがよく使っていた言葉だ。店の閉店時にはこの言葉をＰＯＰの文句として、書店が発行した本※4とともに掲示していたという。それを知ったときは、自分でも思っていたこと、いや、それ以上の決意がそこに込められているように思えて、襟を正す気持ちになった。〈わたし〉というものを大きな声

※4　『伝えたいこと　濱崎洋三著作集』（定有堂書店）。

で、少しでも多くの人に届けたいと願う人ばかりのよのなかで、そうした佇まいでいること自体が大変な胆力を必要とする。

定有堂書店に訪れたのはもう二十年近く前のこと。当時から有名な店で、いま増えている個人経営の書店の先駆けともいえる店だが、そのころわたしはまだ会社に勤めており、まさか自分で本屋をはじめることになるとは思ってもみなかったから、店を見たあと何冊か本を買って帰っただけだ。だからその店が閉店すると聞いたとき、ある一つの時代が幕を下ろしたことは感じても、それ以上の感情は湧いてこなかった。

だが本屋の神さまは、わたしに、奈良さんと出会うことになるよう仕向けてくれたのである。

現在わたしはＮＨＫの「ラジオ深夜便」という番組で、月に一度、本のコーナーを受け持っている。番組では三冊の本を紹介するとともに、「ブックマーク」というミニコーナーを設け、全国の本のある場所、知っておきたい本の情報について話をしている。

二〇二三年四月十六日放送の「ブックマーク」では、「三月三十一日、時代を画《かく》した書店が二つ閉店しました」と前置きした上で、東京駅の八重洲口にあった「八重洲ブックセンター本店」（この店は移転のための一時閉店）、そして定有堂書店の閉店に関して話をした。「何とかうまく話せたかな」と思っていたのだが、翌十七日、旧知のライターである石橋毅史さん[※5]から、実は定有堂は当初予定していた閉店日を延ばして、四月十八日まで営業を続けていると伝えられた。

えっ！　そうなのか？　慌てて定有堂書店のウェブサイトを確認すると、前に見たときにはなかった、四月十八日まで営業を続ける旨の一文が追加されている。放送直前に事実関係の最終確認を怠った、わたしのミスだ。

番組スタッフのかたにはすぐに一報を入れたが、翌日まで営業している店を「もう終わっている」と伝えてしまったので迷惑がかかっているかもしれず、定有堂書店にはすぐに電話をすることにした。奈良さんと話をするのははじめてだが、それがこうしたお詫びの話となり、何ともなさけない限りである。

二度ほど電話をかけたがいずれも奈良さんは

※5　出版業界紙『新文化』編集長を務めたのち独立し、フリーランスとして、本屋の棚から見える人と社会を書く活動を続ける。著書に『「本屋」は死なない』（新潮社）、『口笛を吹きながら本を売る　柴田信、最終授業』（晶文社）、『まっ直ぐに本を売る　ラディカルな出版「直取引」の方法』（苦楽堂）など。

不在で、二度とも電話に出られた女性のかたはわたしを不憫に思われたのか、「何も気にしていないようですので、そこまでされなくても……」とおっしゃった。そして三度目に電話したとき、今度は奈良さん本人が出られた。

「あ、辻山さん！」

放送のことは店のお客さんから伝えられていたようで、聞いてくださったという。

「僕は、取材はすべてお断りしているのですけど、放送はありがたく聞いたのですよ。なぜ一度も会ったことのない人が、僕のことをこんなにわかっているのだろうと思ってね……」

そう言われてもこちらは恐縮し通しである。

「いえいえ……。でも、ほんとうにご迷惑をおかけしてすみませんでした」

「僕はこれまで、ずっと前だけを見てやってきたんだけど、これからは少し、これまでやってきたことも振り返りたいと思いました」

いまは何でもメールで済ませる時代だが、〈声〉にはやはり、人と人との関係を結んでしまう力があるのだろう。その声を聞いてしまった以上否応なしにというか、ほんの短い時間ではあったが、わたしは奈良さん本人と出会った気になった。

それから少し経ったある日、今度は関西にいる三砂慶明《みさごよしあき》さん※6から連絡をいただいた。それは、件《くだん》のラジオ深夜便の放送が聞けないかとのご相談だったが、三砂さんは同じ書店人として奈良さんのことを深く敬愛しており、定有堂書店が主催する読書会にも関西から鳥取まで足繁く通っているのだという（三砂さん自身も、「読書室」という本を読む会を定期的に開催している）。

「奈良さんも、もう一度放送が聞いてみたいとおっしゃっていました」

聞けば奈良さんは、電話口でわたしに話してくださったようなことを、三砂さんにも話されたらしい。

それを聞くと、旅をはじめた当初には考えてもみなかったことだが、鳥取まで行き、実際に奈良さんと話がしてみたくなった。

わたしは店を開く前、福岡でブックスキューブリック※7を営んでいる、大井実さんに話を聞いてもらったことがある。そしてその大井さんも開店前には奈良さんに相談したのだと、彼の本で読んだことがあったが、そこにひと筋の流れ

※6　「読書室」主宰。株式会社工作社を経て、梅田蔦屋書店の立ち上げから参加。著書に『千年の読書　人生を変える本との出会い』（誠文堂新光社）、編著書に『本屋という仕事』（世界思想社）。奈良敏行さんの著書『町の本屋という物語　定有堂書店の43年』（作品社）の編者でもある。

が見えた気がした。

そもそもこの旅のきっかけには、「本屋という仕事」がわからなくなり、それをもう一度知りたいと願うわたしがいた。そのことを知るには、インディペンデントな書店の源流ともいえる奈良さんと会い、この仕事について、詳しく話を訊くしかないのだろう。閉店日を間違えたのはわたしの軽率さが引き起こしたことだったが、そうした間違いがなければ「鳥取」という地名が思い浮かぶこともなかったのだ。

多くの旅は、結局は自分というものを知るために、わざわざ遠くまで足を延ばしているようなものである。はたしてわたしは、鳥取で何かを知ることができるのだろうか？

※7　コンパクトで落ち着いた「けやき通り店」と、カフェやパン屋も併設した「箱崎店」がある、福岡のインディペンデントな書店。店主・大井実さんの著作に『ローカルブックストアである　福岡ブックスキューブリック』（晶文社）がある。

8

「鈍」で「素人」な四十三年

❖❖❖ 定有堂書店

❖❖❖ 奈良敏行さん

鳥取まで

定有堂書店は、ＪＲ鳥取駅から鳥取県庁まで、鳥取の街をまっすぐに貫く若桜街道沿いに立っている。書店から駅の方向に少し歩けば、街道と交差するように流れる、袋川の穏やかな姿が目に留まる。街全体にも言えることだが、袋川沿いは人を威圧するような建物が見当たらず、人が人の心をして歩くことのできる散歩道だ。

独立独歩。

川沿いを歩くとゆったりとした思索に誘われ、自然とそうした言葉も頭に浮かんでくる。書店が大切にしている「インディペンデント・マインド（＝出来合いの権威にはとらわれず、自分の頭で考えること）」は、こうした風土により育まれたものかもしれない。

定有堂書店は二〇二三年四月に閉店し、いまは書店としての営業は行っていない。店舗があったビルの裏手には、二階の事務所に通じる小さな通用口があり、階段を上ると、

有朋自遠方来　（朋有り、遠方より来る）
不亦楽乎　（亦楽しからずや）

といった言葉を含む、孔子の「学而《がくじ》」第一節が、手書きの書として扉の上に掲げられている。この部屋では書店が閉店したあとも、店が主催する太極拳教室や読書会が行われているが、今夜もこの部屋で、わたしの著書『小さな声、光る棚　新刊書店Titleの日常』の読書会を開いてくださるという。

この日、この場所に至るまでには、少しずつ手順を踏み、近づいてきた実感がある。

まず、店主の奈良敏行さんには、三砂慶明さんを通じて取材を申し込んだ。わざわざ三砂さんを通したのには理由もある。定有堂四十三年の歴史の中で、三砂さんが奈良さんと親しく交わったのは、ほんのここ数年のことかもしれないが、そうした年数では測ることのでき

ない師弟のような絆[※1]が、二人のあいだには存在しているように見えたからだ。

はたして奈良さんからは、「三砂さんも同席するなら」ということを含めてご快諾をいただいた。何せ奈良さんは、「大きな声でものをいうと、届かなくてもいいところにまで届いてしまう」ことを信条とする人である。改まった取材は難しいかもしれないと思っていたので、受けていただけると聞いたときには、思わず西のほうに向かって頭を下げた。

しばらくすると三砂さんからは、定有堂書店が発行するミニコミ『音信不通』[※2]のバックナンバーと、同じく店が発行元となっている書籍『伝えたいこと　濱崎洋三著作集』。そして『音信不通』の連載から、奈良さん自身が線を引いた言葉をまとめた『定有堂オブセッション』が、それぞれ順を追って送られてきた。

なるほど、そうか……。

こうしたやり取りの合間にも、三砂さんは奈良さんの近況を伝えてくれたのだが、どうやら奈良さんはこの取材を楽しみにしておられるようで、これまでの旅の様子やわたしのほかの著作なども読んでくださっているとのことであった。

何かこちらが、取材される側のようでもある。

でもそのようにして、読むことのできる文章は全部読み、お互いを知ろうと一歩ずつ歩み寄っていく過程がすでに、「人と出会う」ということなのだろう。いくつになっても、いつの時代でも、そこには変わらない本質がある。

あなたには〈鈍〉がない

九月五日の朝。着陸寸前の飛行機の窓からは、雲にけむった大山の姿が見えた。眼下には鳥取砂丘と、その周りにある駐車場や土産物屋の姿が見える。あそこまで行ったのは、もう二十年近くも前の話だ。

空港から鳥取駅までは連絡バスで約二十分。菊池さんとともに、駅で三砂さんを待った。山陰地方らしい横長の路線図を見ながら、「汽水《きすい》空港※3にも行きたかったね」と話をする。

「おはようございます」

※1　この絆は、二〇二四年三月に刊行された奈良敏行さんの著書『町の本屋という物語　定有堂書店の43年』（作品社）というかたちで、目に見えるものとなった。過去の文章や講演の中から、三砂さんが選び編み直した一冊。奈良さんの言葉に触れる最良の書物となっている。

※2　二〇一六年八月に創刊した、定有堂書店のミニコミ誌。二〇二四年五月現在、九十四号まで発行。書店に集う多種多様な人が寄稿している。

2023年4月に閉店した定有堂書店の外観。

気がつけば目の前に三砂さんがいて、明るい声で挨拶をされた。

三砂さんの顔は、心なしか上気している。この二カ月のあいだ、三砂さんには細かな調整の労をとっていただいたが、彼も今日という日に関しては、心に期するものがあるのかもしれない。

若桜街道を店のある方向に歩いていくと、飲食店や地域の特産品を売る店が立ち並ぶ。店と店の間には、ところどころ「テナント募集」の看板が目立ち、昔から立っているのであろう、雰囲気のあるレトロなビルが多い。

「まさかこうして、奈良さんの話を訊くことができるとは思いませんでした」

道すがらわたしがそのように口にすると、三砂さんは、

「はい。閉店時には、取材もみなお断りになったと聞きました。でも、ラジオ深夜便の放送を聞かれてからは、奈良さんも辻山さんに会うことを、とても楽しみにしていらっしゃるようです」

と、神妙におっしゃる。

少し緊張の度合いが高まる。

袋川を越えると、「定有堂書店」と看板のかかった、年季の入った三階建ての建物が見えた。三砂さんは裏の通用口に回ると、「では、入りましょう」と扉を開けて先に入り、階段を上る途中奥の部屋に向かって、「お連れしました！」と大きな声で呼びかけられた。

三砂さんの後について階段を上り、横目で「学而」の書を見ながら、奥にある事務所に入った。事務所の中には奈良さんがいて、太極拳の師範ということもあるのだろう、柔和であるがどこか緊張感のある、「達人」の雰囲気をまといながら立っておられた。

※3　JR山陰本線松崎駅近く、東郷湖のほとりに立つ、自ら改築・増築をくり返した「小屋」で営業している、オルタナティブスピリットに溢れた本屋。定有堂書店の閉店時には、定有堂にあった棚の一部を譲り受けている。店主はモリテツヤさん。

奈良　今日は、わざわざお越しいただいてありがとうございました。鳥取は駅からまっすぐ通りが延びていまして、道を突き当たると県庁です。それが旧商店街。では新商店街があるのかというとそれはなくて、イオンがあるだけです。途中に橋がありますが、橋を挟んで駅から橋までは七百メートル。橋から県庁までが八百メートル。合わせて一・五キロという小さな商圏です。

　お店のある荻窪は、中央線でしたっけ？

――はい、中央線です。店は新宿から十分くらい電車に乗り、荻窪駅からまた十分くらい歩いた先にあります。

　荻窪はかつて井伏鱒二[※4]が住んでいたように、文学的な残り香のある街なんですね。大通りから少し裏道に入ると、曲がりくねった昔の水路跡もたくさん残っていて、住んでいるかたもご年配の人が多いです。

奈良　わたしのほうはといいますと、四十三年前、東京から鳥取に来たときには、人が歩い

定有堂書店主人の
奈良敏行さん。

ていませんでした。「ここの人たちって仕事をしていないんじゃないか。どうやって暮らしているのだろう」と思っていたのですが、本屋をはじめたら、やはり仕事をしているということがわかってきて……。

人がいなくなったと言われるけど、もう四十三年前から人はいなかった記憶がありますね。そのような中で、みんなどうにか仕事をしながら暮らしているというのが、鳥取の特徴かな……。そうしてそこにいるあいだ、あっという間に四十三年が経ちました。

それでこのたび四月十八日に廃業しまして、それから少し経ってみると、だんだん過ぎ去った時間を感じてきましてね。そうすると新しい気づきがあって、特に三砂さんにはいま、いろいろなことを教えてもらっています。

三砂　いえいえ……。私は定有堂書店で開催されている読書会に、勉強に通わせていただいているので、むしろ生徒です。

奈良　わたし、辻山さんのことも、以前から本屋の先輩という気持ちでいました。でも、あ

※4　荻窪駅北口から、細い道をくねくね歩くと井伏鱒二の旧宅がある。木造家屋の平屋で、とてもいい雰囲気。彼の『荻窪風土記』（新潮文庫）は、開店以来Titleの一等地を占めているロングセラーで、荻窪の昔の姿、当時の人の生活がわかる。

らためて考えてみたら、あれ？　そういえば違うんだと思って（笑）。

——それはそうですよ（笑）。

奈良　そうそう。でも、これまで本屋の本って読んだことがないし、そうした雑誌の特集や自分の出ている本も読んだことがなかったから、自分でも一から本屋のことを考え直してみようかなと思って……。だからいま、終わってからはじまりを考えるといった気持ちになっています。やっているあいだは、やはりゆとりがなかったんでしょうね。

——その「はじまり」ということから話を伺いますと、これまで定有堂書店が長く続いてきたのは、もともとあった「本が好き」という芽が、かたちを変えながらでも生き延びてきたからだと想像しています。奈良さんはよく「初発衝動」[※5]という言葉も使われますが、ご自身の本屋をはじめるきっかけは何だったのでしょうか？

奈良　まずひとつ。「衝動」というのは続かないから、わたしは十年くらいを衝動の期限として考えています。

——はい。

奈良　それで、自分の話なんですけど、二十八くらいまではいろいろなことをやったけどうまくいかなかった。自分では「オブセッション」という言葉を使っていますが、説明のつかない欲望というか、そうしたものに突き動かされながら生きてきました。何かにならなければならない。でも何になるのかわからないという焦りだけがずっとあって、いろいろなことをやったけど、何をやってもうまくいかなかったんですね。

　それで三十近くになって、もう自分で決めないで人に決めてもらったほうがいいなと、少し方向転換したんです。これはわたしのかみさんがときどき言うことなんですけど、人間には、運・鈍・根というものがあって、あなたは運と根はあるけど、鈍がないと……。〈鈍〉とは何だろうと彼女に訊いたら、自分で決めないことだと言われました。それで自分で決めなくなった。

　鳥取はかみさんの里なので、子どももいたし、わたしはただくっついて帰って来ただけなんです。それでこれからどうしようとなったとき、周りの人から本屋がいいよと薦められたので、「はい、わかりました。本屋ですね」という感じで本屋になった。でも、それは何でもよかったというわけではなくて、人がなぜ本屋を薦めてくれたかといえば、ほかの人がいちばんわたしのことを知っていたからなんですね。

――奈良さんなら本屋が向いているのではないかと。

※5　「『小商い』は、初発衝動で始めるものだ。だからこの初発衝動という物語の上に、それぞれの本屋の商いがある」（『音信不通』41「初発衝動」）など。

奈良　はい。だから自分で決めなくてよかったなと思っています。そうするとズルズルといろんなご縁がついてきて、簡単に店ができてしまったのですね。やりたいと言ったら取次さんが出てきて、〈鈍〉というところで本屋をはじめた。
　はじめて十年くらいは、ふつうの本屋をやっているつもりでした。生活があったし、取次さんもわたしが本の好きなことを知っていたので、自分の趣味で品揃えをするなと言われて……。それで、これもわたしの〈鈍〉のひとつなんですけど、自分でもそうしないと心に決めました。でもそのうち「人文書の店だ」と言われて、だんだん雑誌などが取材してくれるようになった。

――自分では、ふつうの本屋をやっていたつもりだったのに。

奈良　ええ。結局、わたしがふつうじゃなかったんでしょうね（笑）。自分ではふつうにやっているつもりなんだけど、ほかの人から見るとものすごくふつうではない。
　あと、友達が「本屋だったら、きみ、これだよ」とか言いながら、本を選んでくれるんです。だからなんとなく人の話に耳を傾けていたら、こういう店になってしまった。
　辻山さんは本の中で、「熱量」[※6]という言葉もお使いになっていますよね。本屋の熱量。店を続けていると、あるとき店からふっと「熱量」が消えていることがあります。これはいかん、何か変えようと思って、それで何かを変えていく。

わたしは「商店十年説」ということをずっと言っているのですが、八年目くらいに店の熱量が少し薄れてきたかなと感じまして、それで八年目の一九八八年三月に「読む会」[※7]を、その次の年には『定有堂ジャーナル』という月刊の書評誌をはじめました。

――踊り場ではないですけど、八年目というのはそうした時期なのかもしれないですね。

奈良　そうそう。辻山さんが「地の塩」の旅をはじめられたのも八年目くらいでしょ。そこに何か、触れ合うものを感じてね。

――「読む会」をはじめられたのは、書店だけだと満ち足りない何かを感じていらっしゃったからでしょうか？　それが読書会にあるかもしれないという予感があったとか。

奈良　実はわたし、本屋をはじめるときは、自分の本を捨てる覚悟ではじめたんですね。本屋をはじめるんだから自分の本は捨てる。考えてみればおかしいですよね……。取次さんか

※6　「本屋の熱量とはそのように、静かなまま一滴ずつ水が滴り落ちるように満ちていくものである」
（『小さな声、光る棚』幻冬舎「再開のとき」）。

※7　いまも定有堂書店主催で、定期的に開催されている人文書を中心にした読書会。一九八八年に地元の歴史家の濱崎洋三が主宰・講師となりはじまった。現在は、公立鳥取環境大学特任教授の岩田直樹さんを選書担当として、会が運営されている。

ら「あなたは好きな本を置くのをやめなさい」と言われ、ふつうはそれだけすればいいのに、何せ〈鈍〉なものですから「だったら読むのをやめよう」と素直に考えて……。
でも、あるきっかけがありまして――これはちょっと話が長くなるから省きますが――あるとき「やはりこれではいかんな、本を読まないと」と思わせることがありました。

とにかく自分で何でもやる。それが「身の丈」です

奈良 それで「読む会」がはじまり、八年目にしてようやく「読む」ということがはじまった。でもそれはいまの本屋さんとは違いますよね。みなさん店をはじめたときから本を読み続けているし、本屋のことも書いている。

―― そうですね。いまはもともと本の好きなかたが本屋をはじめ、自分の読んだものがそのまま店の品揃えとなって現れていることが多いと思います。でも、本を読むことと売ることとでは、少し性格が異なる話ですし、奈良さんがそこに一線を引いたというのは、職業人たらんとする気概を感じます。

奈良 けっこう本気だったんですよね。本屋をすることに対して。

―― はい。

奈良　オープンのとき取次さんがすごく応援してくれたんですよ。たぶんわたしが本気だったから……。そうして「読む会」で本を読むようになり、一方で書評誌の『定有堂ジャーナル』も続けていましたが、二〇〇〇年からは紙の『定有堂ジャーナル』をやめて、インターネットでホームページをつくりはじめました。二〇〇〇年頃にホームページをつくるのは、実は大変なことで、当時はホームページそのものが珍しかった。

――そうでしたね。

奈良　業界では往来堂書店さんが、早くからホームページをつくっていたんです。わたしも声をかけてもらって、一回だけそこに書かせてもらいました。そうすると、川上さん[※8]に叱られましてね。「おまえ、人のところで何やってんだ」と。

川上さんはときどきいいタイミングで叱ってくれるのですが、ありがたいことです。それでそれからは、自分でつくるようになった。

――それはプログラムから自分でつくられたのですか？

奈良　ええ。何でも手づくりでやっていくというのが、わたしの趣旨でして。たとえばイベ

※8　地方出版物や、小規模の出版社が発行する出版物の取次業務を行う、株式会社地方・小出版流通センターの代表取締役、川上賢一さんのこと。

ントをやるときも、業者に頼んでポスターをつくるのは、わたしは認めないんですよ。やはり自分の手づくりじゃないと……。だからホームページも自分でつくる。

とにかく自分で何でもやりますが、それを自分では「身の丈」と話しています。身の丈でできないことはやらない。

――ホームページをいち早くつくられたのは、そこに何か可能性を感じられたからでしょうか？

奈良　いや、全然。それは楽しいからやっているだけで、利益になるとかそうしたことではまったくなかったです。

――ただ面白そうだと。

奈良　そうです。『定有堂ジャーナル』では井狩春男[※9]さんがずっと無償で書いてくださっていたので、それはどこかに還元しなければと思っていました。だから希望する人には、無料で全国に送っていたんですよ。百四十部くらい送っていたかな。

――それは大変な作業ですね。

奈良　コピー機も二台導入しました。……それはともかく、そうしたこともあってホームページにすると楽かなと思いはじめました。書く人もたくさんいたので、毎日更新していましたが、そうするとみんなも自分のページが欲しいと言いはじめて……。それでわたしが最初だけつくってあげて、みなそれぞれ独立していきました。気がついたら、いつの間にか書く人が減ってしまった（笑）。

でも、当時そうした場所も珍しかったから、そこにはすごく熱量があったんですね――それが二〇〇〇年からの十年間です。そのあとの二〇一二年から一七年までは、鳥取環境大学で、文章作成の非常勤講師になりました。

――それは月に何コマくらいですか？

奈良　毎週ですよ。毎週二コマ。非常勤講師なんだけど、一年生の必修科目になっているからいい加減にはできない。もともと勉強会や自主講座みたいなものはやっていたので、かみさんもやればと言うんだけど、どうしようかなと……。それで、当時取引をしていたある町立図書館との取引を整理し、時間を空けて行ったんですよ。そうすると、わたしがいなくてもお店が回っていくようになった。

――それまでは、お店にずっと奈良さんが立っていらっしゃったのですね。

※9　かつて書店や取引先に向けた手書きの業界紙『日刊まるすニュース』を発行し、人文書専門取次の鈴木書店に勤めていた、奈良さんが「師匠」と慕う人物。著書に『返品のない月曜日　ボクの取次日記』、『ベストセラーの方程式』（ともにちくま文庫）など。

奈良　そういう意味ではこれも「他力」ですよね。そうするとこれも偶然なんですが、環境大学がちょうど減った分くらいの取引を入れてくれたんです。別にこちらから頼んだわけじゃないですよ。それで配達に行ってから、そのあと授業に行くようになった。

――いいですね（笑）**。一挙両得で。**

奈良　そうです、そうです（笑）。だから結局、運・鈍・根で、やはり〈鈍〉であるほうがいいなと。

　鳥取環境大学は非常勤講師だから、五年ごとの契約なんです。あと五年やりますかと聞かれましたが、もう一回やると年齢的にも高齢者になる。そう考えたとき、もう少し本屋のことをちゃんとやりたいなと思いました。非常勤講師をやっているとき、読む習慣にすごく勢いがついてしまい、本を五百冊くらい読みました。それから店頭のほうは「読んで売る」という体制になりましたが、それと同時にミニコミの『音信不通』をはじめて、わたし自身も書くようになった……。それがその次の十年間の話です。だから熱量をかける場所が、ずっと変わってきているのですね。

定有堂書店のメソッド

ここまでのインタビューでお気づきになったかもしれないが、実際の奈良さんはとても自然体で、こちらが拍子抜けするくらい素直なかただ。

その一方で奈良さんの書かれる文章は、一つ一つの言葉が厳密に考え抜かれた、ある意味〈厳しい〉と感じられるものだが、そうした二つの性格を一人の人間の内に併せ持ったのが奈良さんなのだろう。

事前に送られてきた『定有堂オブセッション』には、店の販売方法に関する言葉も並んでいたが、いずれも現場で長年培った経験が、簡潔に記されたものだった。たとえば……

・「分かりやすい」棚でないのが定有堂の個性だ。一番の理由は、小さな本屋なので、棚を動的に保たねばならないからだ

・小さな本屋の暮しで飽きないためには、どのようにして本の森羅万象という気配を醸し出すかに工夫する。逆にいうと森羅万象でなければ飽きてしまう

・本の選び方は、一口にいえば「遅れて売る」

奈良　辻山さんは「熱量」という言葉を、どのようにお使いになるんですか？　これは辻山さんに教わった言葉なんですけど。

――そうですね。たとえばある新刊が出たときには、多くの店で同じ本が並べられると思うのですが、ある店ではその本の存在に気がつくけど、別の店では素通りしてしまうこともありますよね。ではなぜそうした違いが生まれるのかといえば、それはおそらく、そこに至るまでその本にかけられた時間が違うと思うんです。隣に並べられた本は何か、売場はきれいで見やすくされているかなど、いま・ここに至るまでのすべてのものがそこには注ぎ込まれていて、それが「熱量」となって、通りかかった人の気持ちを動かす……。気の交換ではないですけど、そうしたことは実際にあると思います。

奈良　ありますね。

――直接言葉は交わさなくても、そこに自分が気を注ぎ込めば、その気が勝手に、それを見た人のところにまで届いていく。熱量のある売場には、そうした気が至るところに張り巡らされているように思います。

奈良　これも本屋都市伝説ですが、触った本って売れますよね。不思議です。

――不思議ですよね。

奈良　触って戻しただけでもいいんですけど、面出しにすればさらに効果がある。でも、ただ触っただけでもなぜか売れるんですよね。そこに何か気の動きがあるのでしょうね。

――それは、その本を気にしてあげることだとわたしは理解しています。店内には、しばらく目を留められなかった場所がどうしても出てくると思いますが、その場所を見ていると、空気がよどんでいるなと思うときがあるんですよ。そんなときには、本の並びを入れ替えたりすることで、そのよどみが解消される。そのように感じるときはあります。

　定有堂書店の本の売りかたにも、独特なものがありますよね。わたしが面白いなと思ったのは、奈良さんが「遅れて売る」とおっしゃったこと。通常、新刊で入ってきたときが本の売りどきだと思うのですが、それが「待つ」ことで、別の何かに変化していく。

奈良　やはり情報感度の高いお客さんは、まずは大型書店に行くんですよ。でも「おっ、この本が出ているじゃないか」と、少し遅れて知ったお客さんが店に行ったときには、もう在庫が切れはじめています。そのとき定有堂みたいな小さな本屋が売れはじめる。それはもちろん、「定有堂ならあるよな」という日ごろからの理解ができていればなんですが。

　そうしたことにある時期から気がつきはじめ、それからはじっくり待つようになりました。新しい本はどんどん出てきますから、自分がいいなと思った本に関してジッと待ち続けるんですね。大切に売るということは待つことですから、すぐに返品したりしないで、売れるのをじっくりと待つ。それは本に対しての見極めでもあります。

雑誌も発売されたときにはそんなに売れないんですね。だけど一月半くらい経ってくると、すごくよくなります。大きな店からなくなったときに在庫を持っていることが、遅れて売れる最初の姿。それからさらに半年ほど経つと、本そのものがよのなかに少なくなってきますから、その本を持っていること自体が違う意味を持ってきます。だから小さな本屋では、「待つ」ということもひとつの力なのかなと思いはじめました。

――それこそみなさん、小さな本屋には〈早さ〉というものをあまり求めていませんから……。

奈良さんも中国新聞の連載で、「小さい本屋では、探すというより本と戯れると思ってもらった方がありがたい」と書かれていましたが、小さな本屋までわざわざ足を運ぶのは、目的の本を探しに来たというよりは、何か漠然とでも、そのときの自分に向いた本を探しに来るということでしょう。そのようなときには少し遅れた本が、そうした気持ちに対する答えになります。

流行りの本は、流行りであること自体が商品価値で、どうしてもそうした早さに気を取られがちになりますが、少し遅れることにより、それにはとどまらないその本の本質が明らかになるのでしょうね。

奈良　あと、店に来るお客さんから「ほかの大きな本屋で買ったけどこの本面白かったよ」と聞いて、それを仕入れるといった「遅れる」もあります。いろいろな意見に耳を澄ます。だから遅れる。常に本の話を店頭ですることかな。

――これも面白いなと思ったのは、わかりやすい棚をつくらないということ。奈良さんはその理由について「小さな本屋なので、棚を動的に保たねばならない」とおっしゃっています。

　わかりやすくリファレンスされた書店では、目的のものしか目に入らなくなりますが、すぐにはわからないことで、その人の中に「動的」な心の動き、思わぬ本との出合いが生まれます。もちろん奈良さんにはわざわざわかりにくくしようとする意図はなかったと思いますが、自分の思うようにやっていたら、ほかの店とは違う棚ができあがった……。

奈良　去年か、一昨年くらいから、そうしたことをみなさんにおっしゃっていただいて、自分でも概念化してみたんですよ。これって森羅万象だな、結局必要なのは森羅万象だなと。

――本屋の中に、森羅万象をつくる。

奈良　ええ。林ではなく、森羅万象。小さな店だからすべてがあるわけじゃないけど、何かすべてがあるような気がする。もちろんそれは、そのお客さんにとってすべてがあるような気がするだけで、ほかのお客さんにとっては何もないということもあるでしょう。でも、そうしたお客さんははじめから来ません。

だから来るお客さんにとって、森羅万象があればそれでいいじゃないかというのがわたしの考えで、それには簡単にわかってしまわない、なんでこんなことになっているのだろうという感じが大事なのですね。……それからもうひとつ。やはり本だけでは足りないという気持ちがあったので、棚にメッセージのような言葉[※10]を入れました。それは分類ではないので、本と言葉には特に関係性がありません。そうするとそこに三角形ができます。

――かけ算ではないですけど、そこに掛け合わせが生まれ、立体的に立ち上がってくるものがあります。

奈良　そうです。そうすることで店の棚に対するきっかけができる。あと、定有堂では文庫本をたくさん置いていたんですよ。コーナーをつくるのではなく、単行本のあいだに挟んでいきました。文庫が森羅万象をつくってくれると思ってね。

表紙が見えるようにして出してあげると、この本たちが森羅万象をつくってくれる。本は少しずつ入れ替えます。マウンドに上がっている本と、ブルペンで待機している本。そうすることで、あれ、何か違う本があるな、昨日来たときは、こんなのなかったなという変化をつくっていくのですね。

——文庫本自体が時の洗礼を受けたものです。大体の文庫は、単行本からふるいにかけられて文庫になる。このリスト[※11]を拝見すると、ハンナ・アレントの『人間の条件』のような古典から、坂口恭平さんや栗原康さんといった、若いオルタナティブな書き手の本もありますから、それらが複雑に交ざり合うことで森羅万象感を醸し出しますよね。

奈良　やはり流行りの本は、賞味期限がいつの間にか来てしまうのですね。いっとき、新刊よりもロングセラーを売ろうという声が上がったときがありましたが、文庫本がまさにロングセラーだと思いました。文庫本の中に普遍的なものが生き続け、それをいまのお客さんが手にします。しかもそこには解説などが丁寧に付け加えられている。

わたし自身は人間が古いので、その古さに興味を持ってもらうということなのだと思いま

※10　定有堂書店では、「ちいさな道しるべと自己肯定」「扉を開く」といった短い言葉が短冊にされ、本棚に貼られていた。棚の前に立った人は、短冊の言葉とそこに並べられている本を見ながら、組み合わせの妙を楽しむことができた。

※11　取材当日、奈良さんは文庫本を中心とした、定有堂書店の定番商品のリストを持参していた。

す。最新のものは提供できないから、ここでもやはり「遅れている」（笑）。それがこの二、三年の熱量の解釈。熱量は森羅万象なんだということですね。

何か深い本を読んでいる人ほど孤独なんです

――これも奈良さんがよくおっしゃっていることで「身の丈」という言葉があります。無理に大きくしようとはせず、目の届く範囲でやる。個人でやれることには限りがありますから、大きくなればなるほどどこかに無理が生じます。

「身の丈」ということに関し、奈良さんが考えていることをお伺いできればと思います。

奈良　最初はやるべき以上の仕事をしていたんですよね。それでいっとき本を読まなくなったけど、あるきっかけがあり、これではいけないとまた読むようになった。でも読むためには時間をつくらないといけないから仕事を削ぎ落としていくと、そこにひとつ「身の丈」という言葉が思い浮かんできました。それが〈鈍〉の新しい方針、身の丈じゃないといけないよというのがね。

だから最初から余計なことはしないという意味ではなくて、余計なことまでやってしまった挙句に、ふと正気に返ると身の丈があった。そういう感じなんです。

――「身の丈に完結している世界を、外部が解釈すると別のものになりやすい」。これは『音信不通』に書かれていた言葉ですが、これなどは実感から出たものではないかと想像しました。「大きな声でものをいうと、届かなくてもいいところにまで届いてしまう」という言葉も同じです。

わたしも自分の本の題名に「小さな声、光る棚」とつけましたから、その符合をうれしく思いましたが、奈良さんが小さな声を大切にしてこられたのはどういった思いからだったのでしょうか。

奈良　実は二〇〇〇年にホームページでコラムをはじめたとき、訴訟になったことがありましてね。そこに掲載されていたある人の文章に対して、人権侵害ではないかという訴えがありました。修飾語が少しいけなかったのですね。

でも先方の依頼を受けた弁護士さんは、有名な事件の弁護団の中心にもなっていた、人権派の立派な弁護士だったんです。そんなかたがなぜ、こんな小さな本屋のことを叩くのだろうと思いましてね……。我々は何も大きなものを動かそうとして発言しているわけではなく、お互いに「そうだよね」と言いながら確認し合っているだけなんです。それでますます、小さな声を守らなきゃいけないという気持ちになりました。

――お互いの気持ちの確認。つまりは「ミニコミ」ということですね。

奈良　そうです。ミニコミですね。「ミニコミ」って要するに、マスコミではないということなんです。リトルマガジンや小冊子など、いまいろいろな言いかたがあるじゃないですか。でもマスコミを否定しているという信念が「ミニコミ」という言葉にだけはあって、それは外しちゃいけない大事なことなんですね。

　やはり「大きな声でものをいうと、届かなくてもいいところにまで届いてしまう」。だからミニコミは、それも含めて小さい声を守るという。

――自分たちの声を守るために、あえて大きくならないといいますか……。

奈良　はい。最初にそれを言った濱崎先生[※12]は歴史家だったのですが、「地方史」という言葉を嫌っていました。地方史は中央の価値判断に基づいた地方の歴史。だから「地域史」でいいじゃないかと。「地域史」だと、ほかの地域には関係ないかもしれないけど、自分たちが受け継いできた、語り伝えられた歴史だから、それを大事にすればいいじゃないかとおっしゃって……。

――地域の中でお互いを小さく確認するために、奈良さんはミニコミ以外にも、サークル活動や読書会も続けてこられました。これまでには「人文書で、もうおともだち」というサークルもあったそうですが、なぜ本の中でも特に人文書が、「おともだち」になりやすいのでしょう？

奈良　人文書の読書会をはじめたとき、自分で仮説を立てたんですよね。二十代の人たちは一度都会に出て、またこの街に戻ってきている。その断絶感みたいなものが、読書のモチベーションになっているんじゃないかと考えました。それで『幼児期と社会』というアイデンティティクライシスをテーマにした本をテキストにしましたが、読むとそれは難しかった。

　でも、サークルを続けていくためには、主題ときっかけが大事だという思いがあるんですよ。主題はアイデンティティクライシス論かもしれないけど、きっかけは「おともだち」でいいじゃないかと。そのころは持ち寄り夕食会というイベントもやっていましたが、居場所をつくること自体が、実はアイデンティティクライシスの解決策なんですね。

　あと人はよく、「この町でこんな本を読んでいるのは自分しかいない」とおっしゃいますよ。でもわたしは本屋だから、「いえいえ、あなた以外にもこんなにいるじゃないですか」と、集まりの中で同じことを考えているかたを紹介できます。だから最初のテーマをアイデ

※12　濱崎洋三さん。鳥取県立鳥取西高等学校に勤務する傍ら、鳥取県史編纂の仕事に携わり、鳥取県立公文書館長、鳥取県立図書館館長も務めた在野の気風溢れる人物。定有堂教室「読む会」の主宰・講師を、百回にわたり亡くなるまで続けられた。

ンティティクライシスにしたのは、間違っていなかったかなと。

――そうした居場所があれば、それまで知り合いでなかったかたでも、趣味嗜好の似たもの同士、自然とつながっていくことも多かったんでしょうね。

奈良　そうです。やはり何か深い本を読んでいる人ほど孤独なんですよね。ある雑誌に書いたんですけど、そのころカバーをかけてくださいというお客さんが何人かいらっしゃったんです。自分が、こんな難しそうな本を読んでいることを職場の人間に知られたら、居場所がなくなってしまうと……。その人たち、けっこう本気でおっしゃっていました。
「でも、ここの読書会ではカバー抜きで、堂々と本を見せ合うことができる」。そんなこともおっしゃられましたね。そうした人たちの中には、勤めている会社に一時的に潜り込んでいるという気持ちがあります。潜り込んで、自分を偽っているんだけど、ほんとうの自分は本の中にある。それはとても大事なことです。

――奈良さんも本の底力の一つとして、その人を我に返らせたり、自分の忘れていた記憶と向き合わせるといったことを書かれていました。実はわたしも同じようなことを書いたことがあって、「自分に帰る場所」[※13]が本屋であり、本であると思っているのですね。そうした場所として定有堂書店はあったし、「読む会」もあったのかもしれないです。

――わたしが定有堂書店に来たのは、もう二十年近く前の話ですけど、三砂さんは、最近何回か来ておられると思います。店の売場や奈良さん個人への思いなど、定有堂書店に対する三砂さんの印象を伺えればと思います。

三砂　定有堂書店は、来店するたび目につく本が変わる、プリズムのような本屋だと思います。棚に貼られたメッセージもさることながら、最後の数年は本の帯にPOPを挟んで陳列した「推し本」も目立っていましたし、私もたくさん買いました。しかしいま思えば、棚に並んでいた本そのものが、奈良敏行さんからのメッセージだったのではと思います。

本屋には新刊配本など、意図しない本の入荷もありますが、それも含めて何をどのように並べるか、なぜこの本がここにあるのか、一冊一冊に店主の意図と願いが込められた本屋だったように思います。

※13　「本屋に入ってきた人もまた、店にある本を眺め、手に取るうちに、次第にその人自身へと帰っていく」（辻山良雄・文、nakaban・絵『ことばの生まれる景色』ナナロク社「モモ」）。

――定有堂にある本は、世間で注目されているからということではなく、それぞれそこにある必然性を持って並べられていたのでしょうね。それは特定の人に向けられた本だったのかもしれないし、店のアイデンティティに関わる本だったのかもしれない。本に込められた理由が複雑にあって、その重なりが店の森羅万象を形づくっていったのだと思います。

三砂　あとはやはり「対話」です。私が絶対に真似できないと思うのは、先ほど奈良さんが辻山さんのことを「先輩だと思っていた」とおっしゃったじゃないですか。でもそれは、来店している全員に対して思っていらっしゃると私は感じるんですよ。私たちからしたら、奈良さんこそキャリア四十三年の大ベテランじゃないですか（笑）。……なんですが、ずっと同じ目線で接していただけるんです。

誤解を招く言いかたになってしまうかもしれませんが、よい意味で「素人」のようなんですよ、ずっと。これだけ経験知があって、技術もあり、そして長い年月この場所でやり続けたということは、経営者としての努力の賜物なんです。そしてそれは生半可なことではないはずなのに、それでも奈良さんはずっと素人でいられる……。それってどういうことなんだろうと思って。

私は奈良さんに「耽読者の家」※14という短篇を薦めたことがあります。ふつう奈良さんくらいのキャリアのかたであれば、それを薦められても、わざわざ読むことまではしないのかもしれない。でも、奈良さんはそこすら掘っていくんですよね。そしてそのあとに店の棚まで変えてしまう……。だから来る人来る人とちゃんと対話をして、それがお店や棚の栄養になっている。真似することのできない本屋だったと思います。

奈良　いや、素人なんですよね。鋭いな。ほんとうに素人なんです。

三砂　僭越《せんえつ》ですが、目黒考二[※15]さんとお話ししたときにも同じ印象を抱きました。あれだけ玄人の書評家でも、ずっと本がお好きで、熱烈に本を読んで、この本は面白いよと書き続けていらっしゃったじゃないですか。僕は奈良さんのお話を伺って、同じような印象を抱いたのですね。ほんとうに本が好きで、「本が好きなら、その時点でもう対等なんだ」と、ここに来るたび思い知らされるような気がして……。

――素人で居続けるって難しいですよね。わたしは『本屋、はじめました』という本の最

※14　筒井康隆『壊れかた指南』（文春文庫）に収録された短篇。奈良さんは「ただただ本を読んでいる」というこの短篇を読み、読書の原点を感じたという。

※15　東京都生まれのエッセイスト、編集者。『本の雑誌』創刊者であり、株式会社本の雑誌社の社長も務めた。二〇二三年一月、七十六歳で逝去。

後に、「プロになりたい」と書きましたが、いまの話を聞いて反省しました（笑）。でも、なぜそう書いたかといえば、もともとの個性の違いもあると思うのですが、昔から職人的なありかたにあこがれがあるんですよね。本を売っている商売人なんだけど、どこか職人的でいたいというのが、仕事をやり続ける上での根っこになっている。

　カンカン、カンカン、鋼を打つように自分を鍛え上げていった先には、何かになれるんじゃないか。ずっとそうした気持ちがありましたが、そのあたりが奈良さんとわたしとでは違うところかな。わたしもお客さんから教えてもらうことを大切にしているし、店にも活かしているつもりですが、奈良さんは物腰が違います。

　人は誰しも、偉そうな態度をとる人には心を開かないものですが、奈良さんはずっと好奇心旺盛で偉ぶらないので、会った人が胸襟を開いて話ができるのでしょう。そのように「素人であること」が、自分自身や自分の店を変え続けていく力になるのかなと、お話をさせていただきながらそう思いました。

奈良　いやいや。ありがとうございます。

菊池　先ほど奈良さんは、深い本を読んでいる人ほど孤独だとおっしゃったじゃないですか。僕はこの文庫のリストを見て、山田太一の『生きるかなしみ』や、茨木のり子の『倚りかからず』があるところに、もうこの書店はわかってくれているという気がするんですよ。

奈良　ねぇ、いい本ですよね。

菊池　自分ではよりよく生きたいと思い、そのための本を探しているけど、明確に読みたい本があるわけではない。そんなとき定有堂さんに行ってこの二冊があれば、「あっ、この本があるってことは、この店には自分の考えていたことや自分が読んでいる本をわかってくれる誰かがいるかもしれない」と安心すると思います。それは「その本に対してのまなざしがある」ということで、僕はその〈まなざし〉を求めて、Titleやほかの信頼する店に行ってたんだなあと思いました。

――まなざしなんですよね。その本がそこに置かれているのは、その本をよきものだと思い、そこに目をやっているということだから、いいなと思った書店ではそのまなざしが共有できているということだと思います。

菊池　そこにある本を通して、その店の人や、それをいいと思うほかのたくさんの人とつながっている。

――はい。だから奈良さんの言葉を借りれば「孤独ではない」。でもそれは、いちいち言語化してそう話すわけではないから、本屋ではそうしたもの言わぬコミュニケーションや確認作業が自然に行われていることなんだと思います。たまに店内で何か目的の本を探すわけでなく、長い時間をかけてずっと本棚を見ている人がいますが、それなども本人がそう意識しなくとも、独りでないことを反芻《はんすう》している時間なのかもしれませんね……。

薪がくべられる

昼間の取材が終わったあと、一旦店を出て、袋川沿いにあるホテルまで荷物を置きに戻った。部屋の窓からはうすく煙った鳥取の街が見え、その景色を眺めながら、先ほどまでの時間を反芻する。

孤独か……。

わたしは、あたりまえのようにこの仕事を続けてきたから、自分の店に来る人がどのような気持ちでそこにいるのか、いつしかそのことを考えなくなっていた。でも、先ほど語られた話には思い当たることもあった。

いま、この時代においても本屋という場所は、自らの孤独や焦燥感を鎮める避難所のような役割も果たす。もう何年か前の話だが、閉店の時間をとうに過ぎても、本棚の前から立ち去ろうとしない若い男の子がいた。ほかに行く場所もないのか、彼は夕方から一人黙って店内にいたが、そのまま彼と一緒にいるわけにもいかないので「もう、閉店ですよ」と声をかけた。そうすると、彼は虚をつかれたようにはっとして、小さな声で「すみません」と謝り、文庫本を一冊買って出て行った。

奈良さんなら彼に、何と声をかけただろうか。

奈良さんは店を開けていた四十三年間、本屋の「素人」で居続けた。それは常にお客さんと同じ場所に立つということで、生半可なプロになるよりはよほど難しいことだ。

夜は書店で、『小さな声、光る棚』の読書会が開かれる。事前に声をかけてくださったのだろう、読書会には十七人もの人が集まっているという。しかし読書会には、いったいどのような人が、どういう気持ちで参加されているのだろうか？

夜の六時半ころ、菊池さんと定有堂書店まで戻ってくると、裏の通用口には鍵がかかっていて、中には誰もいない様子だった。

もう少し商店街の店でも見ていましょうかね？

そのようなことを言っていると、向こうから一人の男性が近づいてきた。我々の顔を見て〈客人〉だとわかったのだろう。その人は「あなたがたが誰かはわかっていますよ」と目で伝えたあと、どこかに電話をかけ、鍵のある場所をゴソゴソと探りはじめた。

「どうぞ」

彼はそう言って鍵を開けると、そのまま慣れた足取りで二階の部屋まで上がっていく。詳しくは聞けなかったが、店のご常連なのだろう。部屋に入りしばらくすると、三々五々、本日の読書会の参加者がやって来た。それぞれのかたに挨拶しているあいだ、いつの間にか奈良さんも、今夜の読書会を取り仕切る三砂さんとともに部屋まで戻って来られた。

みながなんとなく席に着いたころを見計らって、まずは記念撮影と、奈良さんが何枚か写真を撮る。少し場が和む。司会は三砂さん。手慣れた様子で、わたしとわたしの本とを紹介したあと、本日の参加者のかたが自己紹介をして、課題の本『小さな声、光る棚』より、印象に残った一節とその理由を、みなの前で発表していった。

ざっと見たところ、参加している人は、二十代後半から七十代と思しきかたまで様々だ。教育関係の仕事に従事している人が目立つが、それ以外にも新聞記者や一般企業に勤めている人、主婦や書店員など、みなそれぞれの理由から本日の会に参加しているようである。

読書会にしては参加人数が多く、著者も同席している会だから、いつもよりは少しよそいきの雰囲気なのかもしれない。著者はその本を書いた当の本人だから、そこに正解があると思われても仕方がないが、エッセイなどでは意図せず書けてしまった文章も多いし、著者自身にだってわかっていないこともある。だからそれぞれのかたのお話を聞いていると、ご自身の体験に引き付け、文章も精緻《せいち》に読んでくださっているので、「あぁ、わたしの書いた本はこのように読まれているのだ」と、驚きとありがたさを感じた。

かつて奈良さんは、定有堂書店の「読む会」について、「焚火《たきび》」という言葉を使って表現した。

「往来にあたたかそうな焚火がみえる。ちょっと寄っていって暖まろうと人が集まる。あたたまったら去っていく。それで十分。焚火はそれだけのものだ。でも焚火を絶やさないということも大事だ。立ち寄り去っていくひとが、一本薪をおいていけば火は絶えない」

そういえば夜な夜なこの会に集まった人たちは、みな「読書会」という焚火にあたりに来た人、そこにある焚火に〈わたし〉という薪をくべに来た人のようにも見えた。

会の終了後には、参加したかたそれぞれと話すことができた。ふと奈良さんのほうを見ると、そこかしこにできていた輪に入り、人と人とのあいだを取り持つことに忙しそうだ。定有堂書店は閉店してしまったけど、そこがどのような店だったのか、奈良さんの様子や今日集まった人たちの姿から、その一端が垣間見えた気がする。

その場で話した人の中に、Ｍさんという年若い女性がいた。彼女は東京生まれだが、鳥取には仕事で来ているとのことで、勤務先の中学校では、教えている教科以外に司書教諭も担当しているという。東京では池袋の近くにご自宅があり、これは偶然だが、わたしが前職で勤めていたリブロにもよく来られていたらしい。

話しているあいだ、彼女のまなざしの奥にある強い光が印象に残った。わたしの思い込みかもしれないが、何かを求めている人の目だと思った。何かになりたい、でもいまはまだその途上にある人の目……。わたしも若いころには同じような目をしていたのかもしれない。

Mさんは『音信不通』の寄稿者でもあるが、彼女はある号でこのように書いている。

「……そう考えると、本を通して人と関わる面白さを知ったのは、鳥取に来てからだった。それまでの私にとって、本を読むのは孤独な営みであって、誰かと共有することもなかった。加えて、自分が読んでいる本がいわゆる小説や自己啓発書ではなく、人文書であり、わかりやすい本好きではないという自覚があって、隠していたところがあった」

それは昼間、奈良さんが話してくださった「読む会」を開いているあいだの気づきと、見事なまでに符合していた。こうした孤独な／孤独でない人たちが、店がそこにあった長いあいだ、「読む会」と「定有堂書店」とを支え続けたのだろう。

読書会の参加者が帰ったあとは、また奈良さん、三砂さん、菊池さんと四人になったので、話が自然と再開した。それは残された熾火《おきび》を囲むような時間であった。

『ブラザー・サン　シスター・ムーン』

奈良　……これは辻山さんの最初の本に書かれていたことですけど。

――〈指で指された箇所を読む〉店をはじめたときから、〈この店はいつ、どのようにして終わるのか〉ということはいつでも頭の片隅にあります。

奈良　はい。このような文章が、何度もリフレインのように出てきます。こうした箇所もそうですね。

――終わっても続くもの……。

奈良　何かね、ここを中心にだんだん無常観が漂っていくのですね。それがこの本の世界。最初に店ができたとき、わたしはそんなことを考えなかったから。

――わたしは店をはじめた年齢が遅かったですからね。いくつだったかな……。

奈良　四十三からですか。

――四十三ですね。自分でも忘れていました（笑）。

奈良　わたしなどは、『徒然草』や『方丈記』を読んでいる気持ちになってきましてね。「辻山法師」という感じで。『小さな声、光る棚』にも、「なぜあの人たちではなく、わたしだったのか」とあります。これはリブロの仲間が念頭にあるわけですよね。

――そうですね。それもありますし、本を売るこの世界では、仕事は続けたいけど、給料などの金銭面や個人の事情もあり、心ならずも辞めざるを得ない人がたくさんいます。そうした人たちの仕事に対する思いはどこかに残っているものでしょうし、その中にはわたしよりも本が好きな人もたくさんいたと思います。

　そう考えるとわたしがこの仕事を続けていられるのもほんとうにたまたまで、自分に与えられた役割でしかないと思ったのですね。店をはじめることは条件さえ揃えば誰にでも起こりえることですし、わたしはたまたまそうしているだけ。特別なことは何もないんです。

奈良　その言葉を読んだとき、すごく感動しましてね……。『ブラザー・サン　シスター・ムーン』[※16]はご存知ですか？

――映画ですよね。名前は知っていましたが、観たことはありませんでした。

奈良　ベトナム戦争を背景につくられた映画です。主人公がひとつの転機を迎えたとき、故郷のはずれにあった朽ち果てた教会を、一人でこつこつ再建しながら物事の本質に辿り着く。彼の姿と、辻山さんの姿が重なりましてね。

　辻山さんはずっと大きな書店にいらして、それから脱ぎ捨てて、脱ぎ捨てて、いらないものをどんどん剝ぎ落としていって、小さな書店にまで到達されたのかなと思いました。それでいま同じような美徳を探して、全国を歩かれている。ふと何かから我に返り、新しいことをはじめる視点を感じたんです。でも、それも一人の人間という限られた条件でのことなので、いつかは終わりがくる。そうすると、終わっても続くものって何なのかなあって……、それを聞いてみたいなと思って。

——そうですね……。まず組織が大きくなればなるほど、それだけの人を食べさせなければいけないですから、そこでは経済的な合理性が優先されます。でも、自分は合理性のために生きているわけではないですし、この仕事を選んだわけでもありません。もっと健やかに、自分らしくいるためにはどうすればよいかを考えたとき、小さく責任の持てる範囲で仕事を一生懸命やりたいと思ったんですね。

　その人が歩んできた道によって、店としての現れかたは異なるでしょうが、本が好きとか、こうした場所をなくしたくないという思いは、本に関わるすべての人に共通しているものだと思います。店も商売の形態もこれから変わっていくのでしょうが、

※16　イタリアの映画監督フランコ・ゼフィレッリによって一九七二年に制作された映画。中世イタリアの都市を舞台に、フランチェスコ会の創立者・聖フランチェスコの半生を描く。日本での公開は七三年。

本を媒介にして、人がその人自身に帰ることのできる場所をつくろうとする思いが、チャレンジする人を乗り換えて続いていく……。それが「終わっても続くもの」かもしれません。

わたしが今日こうして奈良さんと話すことができたのも、同じ思いでつながっているから、それが一本の道になっているからだと思うんです。定有堂書店とTitleに資金上の関係があるわけではないですが、わたしは奈良さんや、ブックスキューブリックの大井さんの仕事を遠目からでも見てきましたし、同じように違う誰かが、いまわたしの仕事を見ているのかもしれません。それは明文化されたものではないですが、引いて見ると一本の道になっている。そうしたイメージがあります。

奈良　これが曲です。（『ブラザー・サン　シスター・ムーン』の曲が流れる）

――ドノヴァン[※17]ですね。

奈良　ご存知でしたか。……これ、いい映画ですよ。三砂さんはご覧になったのでしょう。

三砂　拝見しました。簡単にストーリーを話せば、裕福な商人の一人息子が、過酷な戦争を経験し、生死の境をさまよいます。その中で信仰と出会い、富や財産、衣服すらも脱ぎ捨てて、野ざらしの荒野の中で黙々と石を積み、壊れた教会を再建する……。フランチェスコ会の創立者、聖人フランチェスコの半生を描いた映画なので、テーマはやはり清貧ですが、彼は身の回りだけでなく、社会をも変えようとローマ教皇に会いに行きます。当時、彼らは教会から迫害されていたので簡単には会えないはずですが、フランチェスコの信仰の深さに心を動かされた人たちが、彼を陰から助けてくれるんです。

「教皇の面前でこの通りに言えば会わせてやる。そのかわり自分の考えを言うな」とくぎを刺され、条件つきで教皇に会う機会を得ますが、友人との約束を破って彼は自分自身のことばを話してしまう……。自分の考えをローマ教皇に話せば、命を失う危険がありました。それでも彼は自分のことばを伝えることを選んだ。自らの存在を賭けたことばだからこそ、動かないものが動いてしまう。そして映画の最後に流れるのがこの曲です。

奈良　映画を観ていると、「貧しさ」ということを思い出しましてね。ローマ教皇は自分の信仰も貧しさの中からはじまったことを忘れていました。でもフランチェスコとの出会いで思い出すのです。そのころは本気だったということを……。

それが我々だったら、「昔は本が好きだったのにね」と、こうした物語になるのでしょうけど。

※17　ヒッピー、フラワーチルドレンといった言葉も自然と浮かんでくる、スコットランド生まれのフォーク・ロック・ミュージシャン。鼻にかかる甘い声が特徴的。

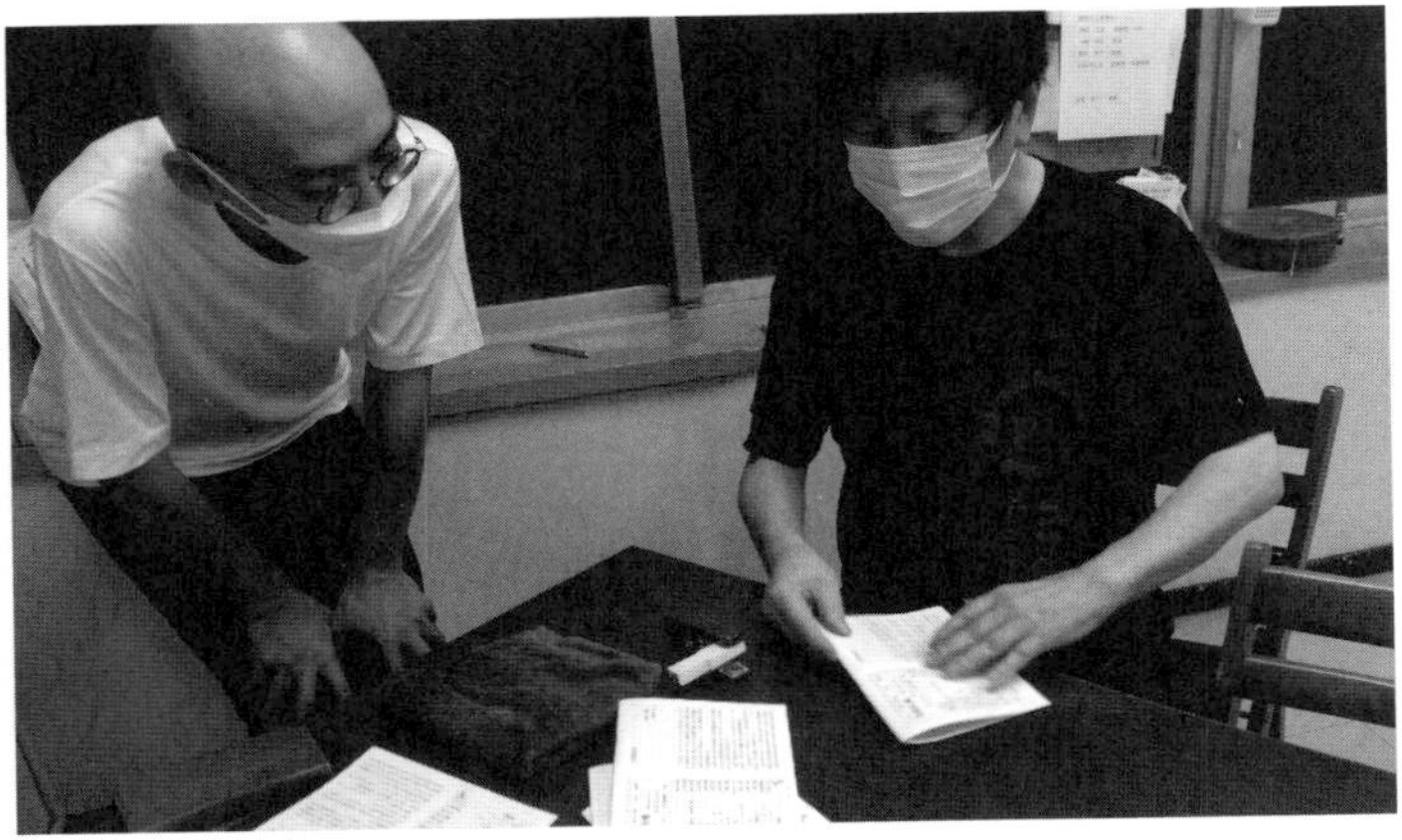

読書会後、部屋に残ってミニコミ誌『音信不通』の
手折り作業をする奈良さん。

終わらない夜話

——三砂さんはご自身のお仕事もあると思いますが、「読書室」のような本を読む活動をなぜはじめられたのでしょう?

三砂　『千年の読書』[※18]という本を書いたときに、自分自身がほんとうにやりたかったことが、本を売ることではなく、本の魅力を伝えることだとはじめて気がつきました。そしてそれを実現するにはどうすればいいのかを考えていたとき、奈良さんから読書会のことを教わりました。書店で働いているあいだ、私自身も読書会を企画し、実際にやっていたはずなのですが、それについてわかっていなかった。それから読書会についての本を読みはじめ、向井和美[※19]さんの『読書会という幸福』という本にも出会って、その思いが決定的になりました。

私はそれまで、本は一人で読むものだと思っていたのですが、読書会は、読むことと語ることが交差する場所だと教えられたのです。そしてそれを実際にやり続けた奈良さんのお仕事を見て、「あぁ、本に書かれていたことはほんとうだったんだ」と腑に落ちて……。自分でもそうした場所を開いてみたいと「読書室」をはじめましたが、ライフワークなので、無理せず楽しんで続けることが大事だと思っています。

奈良　この〈本〉というのは不思議なものでしてね。自分でも持っていた國分功一郎[※20]さんの『中動態の世界』という本、それをある人が貸してくれたんですよ。借りた本には線が引かれていましたが、わたしとは引いている箇所が少しずつ違うんです。これがまた面白く

※18　「食」や「仕事」、「死」といった、人生と密接に関わるテーマが掲げられ、それに沿った本が次々と紹介される本。本を読むという行為の終わらなさを伝えているようでもあり、読書欲をかきたてられる。版元は誠文堂新光社。

※19　翻訳家。『読書会という幸福』（岩波新書）は、彼女が学校図書館司書として生徒たちの読書会を助け、自らも三十年以上にわたり読書会に参加し続けた経験を綴った著書。

て、そうした箇所を自分でもノートに取りました。これで二倍楽しめたなと思いましたね。
　だから本は、自分ひとりで読むだけではなく、人が読んだ本を読むのも面白い。何か違う体験なんですよね。

――ほかの人の視点を、追体験しているといいますか。

奈良　読書会にしても、その場ではほかの人との対話がありますよね。「読書」というものを中心にして、その人にとってそれまでにはなかった、違う世界が開けていく。

三砂　私は昼間、奈良さんに「素人」なんて失礼なことを言ってしまったのですが……。

奈良　いやいや、いちばんいいことを言ってくれました。

三砂　藤田一照《いっしょう》※21さんは『禅の教室』の中で、アメリカの伝統的な価値観では、何かのエキスパートになることが主流だったと語っています。一方「禅」はそのカウンターで、初心者のマインドにこそ可能性があると説き、アメリカを席巻していきました。
　私はこれまで「仕事のレベルを上げていかなければ」と考えてきたのですが、奈良さんのお仕事を見ていると、「禅」のように、オルタナティブな道を歩いているように思えました。奈良さんはそのことを、特に意識されていたわけではないのですよね？

奈良　自分は何も知らない、知らないから何でも教えてください、ただそれだけなんですよね。だから取次の人とも親しくなれたし、そういう意味で、わたしは何も知らなくてよかったなと思います。
それでいま、わたしから「本屋」がなくなったじゃないですか。そのあとに何が残るかというと「本が好きな人」だけが残ったわけです。店をはじめたとき、朝日新聞の記者が「本が好きな人が本屋をはじめる」と書いてくれましたが、本屋をやめたら「本が好きな人」だけが残り、振り出しに戻った。そのとき「これまで長い時間をかけてきたけど、実はこういう時間を求めていたのかな」と感じました。いま、ある意味とても自由なんですよね。

菊池　僕らのような編集者は、「想定読者」という、どこかにいるであろう読者に向けて本をつくります。でもそれは逆だったなと、今日読書会を見て気がつきました。ほんとうはまず自分のつくりたい本を語り、読書会を行うなど、それを読んでくれる読者をつくっていく

※20　東京大学大学院総合文化研究科・教養学部教授。哲学者だが、政治や社会にも積極的にコミットし、その講義はとても熱く、心震わされる。主な著書に『暇と退屈の倫理学』（新潮文庫）、『中動態の世界　意志と責任の考古学』（医学書院）、『スピノザ　読む人の肖像』（岩波新書）など。

※21　曹洞宗国際センター二代所長で、様々なジャンルの人と交わり、仏教を開いていく仕事を行っている人物。『禅の教室　坐禅でつかむ仏教の真髄』（中公新書）は詩人・伊藤比呂美との共著で、実践的で堅苦しくない仏教をめぐる対話。

ほうが先で……。

奈良さんがおっしゃった「本が好きな人が本屋をはじめる」とは、そうした「読む人」を育てていく活動にもつながる話なのかなと思いました。定有堂書店という店がなくなっても、そこには今日のように集まってきた人たちがたくさん残りましたよね。それを見ていると、地域に根差す、読者を開拓するとはこういうことかもしれないと気がついたのですね。

三砂　……辻山さんがすごいところは、数字を知っている人がそちら側に行くことだと思っています。

菊池　そうですよね。

三砂　辻山さんは両利きですよね。奈良さんも両利きだと思いますが、経営者でありつつ本好きでいられる人は、周りを見てもそれほど多くありません。だから私からすれば、辻山さんも奈良さんも両方の道に精通されているというのがもう異次元な感じで……。

奈良　でも、わたしは辻山さんのようなきちんとしたことはできないんですよ。では、これまでなぜ店が続いてきたのかといいますと、それは支払いに関して取次さんとちゃんと話をしてきたからなんです。計画ではそこまでやらなくても、締めのほうをきちんとやって……。店を続けているあいだに気がつきましたが、そのほうが楽なんですね。

――『本屋、はじめました』では、実際につくった「事業計画書」も載せましたが、あの

表は会社を辞めた直後につくったから、まだ会社員の気持ちが残っていたのですね。本を読んだ人には申し訳ないですが、それはやりはじめると必要がなくなるといいますか、自分ひとりしかいないと誰かと情報を共有する必要もないから、資料をつくること自体がなくなります。そうすると、今日はAという本を一冊売ったけどそれを二冊売るにはどうすればいいかという、本をいかにして売るかという積み上げの話になる。

　もちろん俯瞰して見ることができればそれに越したことはないですが、店の調子は預金残高の増減を見ていればだいたいわかりますから、分析する暇があれば、その時間でいま目の前にいる人にちょっと囁《ささや》いてみる……。小商いとはそのような世界だと思います。「経営」といった立派なものではなくて、もっと近くを見ている泥臭いもの。

奈良　そうそう。そうですよね。

――『本屋、はじめました』は、ふだん行っている動作を顕微鏡を覗き込むようにして見た実務の話なんです。「本を平積みするときは、手前の辺が揃うようにして並べるとお客さんにストレスを感じさせない」など、自分にとってあたりまえだからいちいち言わないことでも、逐一言葉にしてみる。しかし仕事のディテールにこそその人の考えかたが表れるものでしょうし、それを言葉として残すことによって、救われる人もいるのかもしれません。

三砂　でも、それを自分の言葉で伝えるのは難しくて……。私が奈良さんの文章を読んで驚いたのは、たとえば「本屋」とか「書店」とか、奈良さんはあたりまえだと思われている言葉を定義してからはじめるじゃないですか。それはもはや哲学ですよね。

――わたしも奈良さんの文章を読み、既存の言葉や考えをそのまま受け容れるのではなく、ほんとうの意味で、自分で考えることをされているかたの文章だと思いました。奈良さんのしてきたことは、ホームページのお話もそうでしたが、すべてセルフビルドですよね。はじめは経験がないかもしれないけど、一から石を積んでいくように、トライ・アンド・エラーを重ねているうち、いつの間にかその人の家ができあがる……。

わたしの場合はセルフビルドをする前に、約二十年の書店員経験が体に染みついてしまったところがあります。だから、一から自分の店をつくろうとなったとき、まず設計図から書いてしまった――いまだともう書かないと思いますが（笑）。設計図通りにやろうとしても、店というものは、途中からだんだん違うものになっていくんですよね。

最初からある程度わかってはじめたことにはもちろんプラスも多かったけど、人から見れば教科書的なつまらなさもあったと思います。でも「本の世界については何もわからないけど、本が好きだからそれを仕事にしてみたい」といった人には、最初から独力で一つずつ積み重ねていった先に、ゆるぎない自分の世界をつくりあげた奈良さんのようなかたが、勇気をもらえる存在になると思います。

なぜ本が必要なのか？

「地の塩」という言葉は、どこからその着想を見つけられたのですか。

奈良——もともとは聖書に載っていた言葉でした。ただ自分がそれを知ったのは、ザ・ローリング・ストーンズに「SALT OF THE EARTH」という歌があったからです。その歌では、もう少し自分たちに引き付けた解釈をしていまして、大雑把《おおざっぱ》に言えば「イギリスは階級社会かもしれないけど、その世界を支えているのは労働者階級の、名もなき『地の塩』であるわたしたちなんだから、胸を張って生きていこう……」といった歌。

　塩は人間にとってなくてはならないものだと思いますが、本、そしてそれを扱う本屋もまた、人にとってそれなしではいられないものだと思ったのですね。この旅では、そのことを再確認したかったといいますか……。

三砂　……実は私にとって、これが今日いちばん訊きたかったことなのかもしれないですが、なぜ辻山さんは人にとって本が必要だと言い切れるのでしょう?

――（長い沈黙）うーん。そうですね……。自分で言っておきながら難しいですね（笑）。

でも本や言葉がないと、人はその人自身になれないのではないでしょうか。人は自分では意識しなくても、それまで読んできたものや見てきたものからできていると思います。そうしたその人自身をつくる言葉がどこにあるのかというと、それはすぐには役に立たない面倒な本にあると思うのです。

自分の経験でしか語ることはできませんが、いまのわたしをつくったのは、振り返ってみても本やアートなどに触れていた膨大な時間だったように思います。本は――特に文学などはそうですが――、読んですぐに役に立つというものではないけど、気がつけばいつの間にかそのすべてが血肉化して、いまの〈わたし〉になっている。面倒で時間もかかるだけ、振り返るとより浸透度が高い気がします。それはほかの何かでは替えが利かなかったと思いますね。

三砂　でも、多くの人は本を読まないですよね。そうすると読まない人はどうなるのでしょうか。

――読まない人は……。本を読まなくても生きてはいけるのでしょうが、人は自分の持っている言葉の中で生きていますから、その言葉が貧弱になればなるほど、それだけ考えの幅は狭くなりますよね。そうすると、コンビニエントなものに流されることも増えるでしょうし、自分とは意見の違う他人と、粘り強く共生することも難しくなってしまうのかもしれません。でも、ここでわたしが何を言っても、結局ものを読む人の立場からものを言っているにすぎないのですが。

菊池 僕は、ある人が本を読む・読まないということには、あまり意味がないと思っています。たとえば本はまったく読まないけど、スタジオジブリの映画は必ず観るという人がいたとして、その映画をつくっている宮﨑駿の中には、膨大な児童文学の世界がベースとしてあります。いま、彼に影響を受けたクリエイターたちが出てきていますが、仮にその人が本を読まない人だったとしても、彼や彼女が観た映画には、宮﨑駿の読んだ本の面影がどこかに残っている。それは映画を通して、本というものに触れていることだと思います。

僕もなぜ本をつくるのだろうと、自分でも考えることはありますが、本でしか伝えることのできない要素を世界からなくさないためにも、本は読んでも読まなくても必要だと思っているんですね。

三砂 なるほど。要素としてはそこにあっても、本というかたちをとっているかどうかはわからないということですね。よく「書店の平台は社会の鏡」とも言われますが、本そのものがすでに個人を映し出す鏡になっていると思います。だから私も本が必要だと思うのですが、それでも読まれないのはなぜなんだろうと、ずっとそれを考えていまして……。
先ほどは失礼なことも訊いてしまいましたが、読まない人にどうやったら読んでもらえるかは、この仕事をする人全員が抱えている課題だと思います。

――いまは本よりも楽なものがありますからね。動画やSNSなど、自分が主体にならなくても、物事のほうで勝手に動いてくれるものがたくさんあります。

三砂　楽なものってほんとうに楽なのでしょうか？　結果として、あまり楽じゃない気もするんです。

――楽ではないのかもしれませんね。それは溜まっていくと、心身のひずみとなって現れるものかもしれないけど、そうしているあいだはわからないから、半《なか》ばアディクションのような状態にもなってしまう……。
本は自分で開かないと先に進まないから、読むためには集中しなければならないし、持続する意志も必要ですよね。でも現代人の日常では、何かに集中している時間自体がほとんどなくて、何をしていても意識の何パーセントかは別のどこかに、勝手に接続されているような気がします。そうしたとき、本のように没入するしかないものがあることはかえって貴重だし、その人にとって〈癒やし〉になるのではないでしょうか。

読んでいるあいだは嫌なことも忘れられるし、本来の自分でいることができる。そのようなことも伝えていければと思っています。

なぜ本なのか。そしてなぜ本はそれほどまでには読まれなくなったのか……。それはこの旅でもたびたび話題になったことだ。高木久直さんは、傷害事件を起こした若い人が、子どものころからもっと本を読んでいればと悔やんだし、宇田智子さんも、本屋が商店街の中にある意味を、少しでも周りの人たちが見直してくれればと語っていた。わたしも、本屋には目もくれず店の前を素通りするたくさんの人たちを見ながら、自分が砂漠の中に水を撒《ま》いているように感じるときもある。それでも小さな世界に閉じこもっているだけでは駄目なのだろう。

……まだまだ、話は尽きないようだが、壁に掛けられた時計を見ると、とうに十一時を過ぎている。奈良さんも先ほどから黙って我々の話を聞いてくださっていたが、お疲れのご様子だ。もう、失礼しなければならない時間である。

有朋自遠方来

ふたたび「学而」の書が目に留まった。

鳥取の定有堂書店には、近隣から、遠方から、多くの人が訪れた。それはもちろん、店の品揃えに惹かれてということもあったのだろうが、こんなにも本が好きで、本と人を信じ、その素朴なスピリットが店全体に溢れている——そうした格好をつけることもない真正直さが、同じように本を好きなたくさんの人の心を打ったのではなかったか。

それは、何かそれらしいものに似せてしまったり、正直にやるよりは上手くやることのほうを選ぶ人が多いいま、簡単そうに見えて誰にも真似できないことだろう。奈良敏行さんはそうした「鈍」で「素人」な四十三年間を一から駆け抜けた。圧巻の本屋人生だったと思う。

奈良敏行（なら・としゆき）

定有堂主人。一九四八年、長崎県生まれ。早稲田大学文学部卒業後、松竹本社演劇部興行課、郵便局などでの勤務を経て、八〇年より鳥取市で定有堂書店を開業。二〇二三年四月に四十三年間の歴史に幕を下ろすも、定有堂教室と称し、人文書を「読む会」や「ドゥルーズを読む会」、「太極拳教室　葉香クラブ」など数多くの学び合いを続ける。同時に、一六年からミニコミ誌『音信不通　本のビオトープ』を月刊で刊行中。著書に『町の本屋という物語　定有堂書店の43年』（作品社）がある。

コラム 3
旅の合間に

本の匂いが消えた街

かつて書店は、人びとの生活の中に、あたりまえにあるものとして存在した。人は毎日、それぞれの生活圏で書店のある風景を目にしていた。わたしが住んでいた神戸の実家の周りも、子どもが歩いて行ける範囲に五軒の新刊書店があり、傍目にはどの店も、それなりに商売が成り立っているように見えた。

五軒のうち二軒は、いまにして思えばTitleと変わらない大きさ[※1]で、狭い店内にはそれを補うかのように、天井近くにまで本がぎっしりと詰められていた。こだわって選んでいるというよりは、広く万人受けするような品揃え（実際「万人」が訪れていたからそれでよかったのだろう）。カフェやギャラリーを併設するでもなく、イベントも行わず、ただ本を売るのみ。店の脇には蕎麦屋で見かけるようなバイクが立てかけられていたから、外商とは言わないまでも、配達くらいはやっていたのだと思う。

最近神戸に帰る機会があったので、合間の時間を利用して、かつて家のあったあたりを歩いてみた。五軒あった店は長い年月のあいだ、そのすべてが廃業し、代わりの書店ができるでもなく、街からは本の匂いがしなくなった。いまわたしが同じ街に生まれたとして、はたしてその何十年かあとに、自分で本屋をやろうと思うだろうか？

いま、書店は急激にその数を減らしている。

これまでわたしにはその実感があまりなくて、書店の数が減っている事実と、店まで本を求めに来るお客さんの顔とが、同じ世界に存在しているとは思えなかった。店が開店してからは自分の仕事で手一杯、正直に言えば、周りのことなど考えている暇もなかった。

だが最近では店にいても、「書店が減っているという話はどうやらほんとうらしい」と感じることが増えてきたのだ。

一つには、個人、出版社にかかわらず、本の売り込みが急に増えたこと。

そしてもう一つは、特定の出版社や極端に刷り部数の少ない本を除き、以前に比べ売れ筋の本の

※1　Titleは、「本屋」としての大きさは十五坪、カフェとギャラリーを含めた店全体の大きさは二十三坪。

確保がしやすくなったことだ（実際、以前は何度注文しても店に入らなかった新刊が、発売から間を置かずして店まで届くようになった）。

こうした変化は、需要と供給のバランスが変わってきたことを表している。端的に言えば、市場に本が余っているのだと思う。

書店の数が減るほど、つくり手は自分がつくった本の置き場所に苦労する。それに加え、いまでは誰でも本を簡単につくることのできる時代だ。先のコラムで書いたように、自主製作本の即売会・文学フリマなどのイベントは盛況だし、彼らの本を刷る印刷会社も、製作から完成した本の販路に至るまで、本をつくる人のサポートを行っている（一度本の持ち込みに来た人に「どこでこの店のことを知ったの？」と興味本位で尋ねたところ、「〇〇（印刷会社の名前）に自主製作本を扱っている店のリストがあるんです」と返されてしまった）。

だが、そうした本をつくりたい人の多さに比べれば、本を売る店や読者の数はそこまで増えてはいない（むしろ減っている）のが実情だ。だから本を売る側にとっても「いまおっしゃられた本、どう見てもこの店の品揃えとは違いますよね」というミスマッチが増えてくるし、これぞという本を探しに行くよりも、メールや店頭から持ち込まれる依頼を断るほうに、いまではより時間と気力を割かれているような気もする。

星野渉※2さんが、雑誌『中央公論』（二〇二三年十一月号）に書いた記事によれば、書店の数はピーク時である一九九〇年代末の約三分の一、七千二百四十四店にまで落ち込んだという（二〇二三年三月時）。その数はわたしがTitleを開いた二〇一六年と比べても、それから約五分の一の書店が、店を閉じた計算になる。そして同じ記事でわたしがそれ以上に驚いたのは、書店の新規出店数が、全国で年間約六十〜八十店舗にまで減少していたことだった。

その一方、和氣《わき》正幸※3さんが独自に情報を集めて公開している「独立書店開業リスト」を見ると、二〇二二年の一年間、全国で五十八店舗の「独立書店※4」が開業したことになるらしい。もっとも和氣さんも書いているが、この数字は本と別業種を掛け合わせた店や、土日限定の店など〈広義の書店〉を含めたものだから、その規模や

※2　文化通信社取締役社長。NPO法人本の学校理事、東洋大学非常勤講師。著書に『出版産業の変貌を追う』（青弓社）など。

※3　本屋ライター。「独立書店」をレポートするブログ「本と私の世界」（現「BOOKSHOP LOVER」）を二〇一〇年に開設。東京・祖師ヶ谷大蔵で本屋のアンテナショップ「BOOKSHOP TRAVELLER」の店主も務めている。著書に『東京わざわざ行きたい街の本屋さん』（ジービー）など。

業態は様々だ。従来のスタイルで営業している専業の書店と、そのまま同一に語ることはできないだろう。

ただそうは言っても、従来の書店と「独立書店」の新規出店数が、数だけを見れば近づいているという事実には驚かざるを得なかった。わたしはそれに驚くほどには、従来の書店というものを信じていたし、彼らがふつうに存在してはじめて、新しいスタイルの店も存在を許されるものだと思っていた。だがそうした認識もそろそろ変革を迫られているのかもしれない。

そして従来の書店が減っていることは、同時にインディペンデントな本屋の仕事も変えていく。

ON READING の黒田杏子さんは、『大学出版』（二〇二三年十一月秋号）に寄稿した文章の中で、次のように書いている。

「オルタナティブであることは今でも変わらず私たちの重要な態度だが、時代とともに常に店の役割を変容させながら『本のある場所』が生き残る道を探している」

時代の要請や彼ら自身の変化、そして新刊本の流通が少しずつ開かれてきたこともあり、先に見た通り、ZINE やアートブックが目立った ON READING の店内には、次第に新刊本が増えてくるようになった。そしてそれを求める人たちも店に集うようになり、彼らは「だんだん本屋になっていった」のだ。その店はいまでは、遠方からここにしかない本を求めてやって来る人や、欲しい本の取り寄せを頼みに来た近所の人など、様々な人の需要を満たす店になったのである。

ON READINGはキャリアの長い「独立書店」だが、その彼らですら従来の本の世界からは「ずっと本屋だと認めてもらえなかった」という。そしてそうした頑なさは、全国で新しく本屋をはじめた人が共通してぶつかる〈壁〉だと思う。だが、ある店の存在は、そのどこかに時代の要請やひずみを反映させている。そう考えれば、全国に自分なりのスタイルで本屋をはじめる人が増えているという事実は、本を求める人の声なき声が、そこに表れているとは言えないだろうか。

そしてそうしたインディペンデントな店も、〈本〉という伝統に根差している。従来の店がますます減っていくであろうこれからの時代、その役割もいまとは別のものに変わっていくだろう。見るべきはいま・ここにいるお客さんの求めであり、それに合わせて本をめぐるスキームも変化していかなければならないのだ。

※4　ここ数年、少しずつ目立ってきた個人営業の書店を総称して、このように呼ばれることが多い。文中の「インディペンデントな店」「新しいスタイルの店」という言葉も、同じ意味で使用している。

真の「独立」とは

Title は、人からは「独立書店」として見られることが多いし、これまでそうしたテーマで取材を受けることも多かった。しかしわたしはずっと、「そんなことがほんとうに重要なのかな?」と思っていた。わたしはただ〈わたし〉の書店――新しい本のある場所――を開いただけで、何も「独立書店」をやろうとしたわけではないのだ。そしてそのことは、どこの店の店主も同じだと思う。

定有堂書店のことを「独立書店」と呼ぶ人はいないだろうが（そもそもそうした言葉が生まれるずっと前から営業されている）、店主である奈良敏行さんのスタイルは「独立」そのものだ。「何でも手づくりでやっていく」「身の丈でできないことはやらない」等々、数え上げるときりがないが、出来合いの権威には寄りかからないインディペンデント・マインドが、言葉の隅々にまで溢れていた。

そしてこの旅でわたしが出会った人たちも、店のかたちは違えども、それぞれの地域において独立独歩でやっている人たちであった。

だがそうした「独立」の気風も、店の数が増えるにしたがって、次第に見えづらいものになってくる。そこに至るためのシステムが整備され、「それらしさ」「平均点」のようなものが醸成されてくれれば、よほど個人に根差したものがなければ、そこから先にはなかなか突き抜けられないのだ。

いまはどの店も、数多溢れている情報の近くにあるから、そこからなかなか自由にはなれないのだろう。わたしも仕事をしているあいだは、常にほかの誰かから見られているような気がしてならないし、わたしにしたってほかの店がまったく気にならないかと言えばそれは嘘になるから、いつもお互いのことをうっすら見合っている状態なのだ。結果として、それぞれ違う店をやっているようで、周りから見れば似たような印象の店ばかりが増えてしまう。みな〈わたし〉の書店をやりたかったはずなのに……。

いまという時代に合っていなければその店はやっていけないが、自分というものに根差していなければその店はやる意味がない。

どの店も、その狭間でゆれているように見える。

「独立」ということを考えたとき、まず頭に浮かぶのはお金の話だ。誰のお金でその店はそこにあるのか——クラウドファンディングか、それとももっと顔の見える人物か――、いずれにせよそれがほかの誰かのお金であれば、その店は出資者の意向を無視して営業することはできないだろう。だから自己資金の範疇《はんちゅう》で小さくはじめることは、店の運営を手のうちに収めるということなのだ。

そしてこの「店の運営を手のうちに収める」とは、ほかの実務レベルでも「独立」するためには欠かせない。あたりまえのことのように思われるかもしれないが、これがやってみると意外と難しい。

たとえば店頭でプッシュしているその本は、ほんとうに自分で選んだ本だろうか？　自分で選んだように見えて、実はフォロワーの数や周りの店の動向から「選ばされた」ものではなかったか。

あるいは店で行うイベントも、誰かからのお仕着せではなく、店に近しいものだと思って行ったか？

自分の意志で行ったようで、よく考えるとそうでなかったことは多岐にわたる。

もちろんそれを完全になくしてしまうのは難しいし、店や自分の可能性を狭めてしまうことにもなるから、どこかに自分とのつながりが見出せるなら、許容範囲の中でやるべきだと思う。

しかし店を続けているあいだには（特に状況が厳しくなってくるほど）、「続けるためにしていること」と「ほんとうはそうしたかったこと」との見分けが、自分でもつかなくなってしまうときがある。そこで立ち止まり、自分の基準に立ち返ることができるかどうか。自分に根差していることがその店を「独立」させ、最終的にはそれを長持ちさせるのだ。

　出来合いの権威には寄りかからない、インディペンデント・マインド。やっているあいだは忘れがちだが、自分の本屋を開くことには〈自由〉がある。好きな本を仕入れる自由があるし、「らしさ」なんて考えないでいい自由だってある。それは何より得がたいものだ。

　そしてその自由は、自分の頭で考え、行動することに拠《よ》っている。「独立書店」の「独立」とは、その先にあるものだろう。せっかく大枚をはたいてそれを得たのだから、自ら進んで手放さなくてもよい。

旅の仲間

　実はこの旅でいちばん心を動かされたのは、飛行機で三時間かけて海を越え、はるばる沖縄まで行った先に、ほんとうに「市場の古本屋ウララ」があったことだ。

日本の隅々にまで本を求める人がいて、その人たちを相手に、その地で本を売っている人がいる。当然頭ではわかっていたことだったが、それを実際目の当たりにすると、やはり胸にこみ上げるものがあった。そして、今回自分が行かなかった多くの場所にも、同じような光景があるのだろう。
そうした店が熱源となって、その地域の読者を支えている。それは昔考えられていたものとかたちは違うのかもしれないけど、こうしているいまも、全国で様々な本屋が店を開け、その地域の読者の求めに応じている。それはやはり〈灯り〉としか言えないもの、一隅を照らすということなのだ。

毎回誰かのもとを訪れて、東京まで帰ってくると、よのなかの変わっていくスピードが身に染みた。自分では変わらずにいたくても、よのなかのほうではそれと関係なくどんどん変わってしまうから、自分も同じではいられない。この数年だけ見ても新型コロナウイルスの感染拡大があり、キャッシュレスの普及やインボイス制度[※5]の導入、あらゆるものの値段の高騰など、店をめぐる状況は大きく変わった。そしてそうした環境では変わらずにいること自体が至難の業なのだ。
Title は店が開店した二〇一六年一月以降、外から見る姿はほとんど変わっていない。そうした「変わらない」ことを、自分では大きな頼みにしてきたが、それでもそのときの状況や自分の心境の変化に合わせて、仕事の内容や比重は少しずつ変わってきている。

「わたしは『商店十年説』ということをずっと言っているのですが……」

奈良さんはこの「商店十年説」について、自身の文章でもくり返し触れている。

「個性を前面に出すゆえに、小商いにはぬきがたい賞味期限がある。十年ともいわれる。他人の個性の最良な部分に触れて、上書きする機会がなければ、輝きが消える」（『音信不通』9「カフェ『ドロップ』での一夜」）

店という個性の賞味期限は、だいたいそのくらいのものだと理解できる。いや、その期限はいまではもっと短くなっているのかもしれない。ではわたしはどのようにして、自分を「上書き」していけばよいのだろうか？

この旅に同伴してくれた菊池さんは、旅について「辻山さんが、やっぱりそうだよねと思う人のもとを訪れ、確かめ合う旅」だと語ってくれた。

※5　二〇二三年十月から開始された、消費税の仕入税額控除の方式。免税事業者だったフリーランスにプレッシャーをかけ、彼らに発注する企業との分断を煽る一方、会社の経理担当者の仕事を増やすという、喜んでいる人を見かけることのない制度。

その通りだと思う。だんだん暗がりへと入っていく心細い時代、わたしはただ誰かと、小さく確かめ合いたかっただけなのだ。

旅に出る前は、彼らとの対話から、何か自分が変わるきっかけが得られればと思っていたけど、最初高木さんと話したとき、「これはそうした、わたしのためにある旅ではないのだろう」と気がついた。これは全国にいる仲間たちのことばを聴く旅で、わたしはその触媒にすぎない。わたしは彼らのことばをいっとき預かり、それらを縒り合わせて、彼らに成り代わって語っているだけ。もちろんその声が、全国すべての本屋の思いを代弁するわけではないけど、わたしたちもまたこの世界で、何か大切な一線を守っているのだと、この時代を生きる人たちに向けて語る旅なのだと。

もともとひとり旅だと思い、はじめた旅であったが、実はそうではなかったということなのだろう。この旅で出会った、彼らのことばはいまわたしの中に棲みついており、わたしは折に触れそうしたことばを取り出してみて、その意味を自分でも反芻してみる――いまではそのことばは、もはや自分が語ったかのようにわたしの中で血肉化しているのだ。そう、ずっとそのことには気がつかないでいたが、旅に出る前から、わたしには旅の仲間が大勢いたのであった。
　もちろんいまでも問題は変わることなく山積しているが、わたしはそのことに関して深く考えないようになった。それは開き直りかもしれないけど、わたしはどうやら、少し明るくなって帰ってきたようなのだ。いまはまだ何も変わっていないように見えても、この先自分に植えられたことばの種が、何年、何十年か経ったあとには、目に見えるかたちとなって芽吹いているかもしれない。その旅から何を得たのかは、自分が変わることでしかわからないものだから――。

　と、ついこれで旅が終わるかのような書きかたをしてしまったが、実はこの旅はまだ終わりではない。ここまでわたしは、八人の本屋のもとを訪れ、彼らの話を訊いた。しかし旅に出る前、全国の様々な書店の名前を紙にリストアップしたときから、わたしには最後はここに訪れたいと密かに心に決めていた店があったのだ。「定有堂書店」という源流と出会い、この仕事の変わらぬ意味に触れたことは大きな収穫だったが、それを引き継いで我々はこれからも商売を続けなければならない。だから同世代で気兼ねすることなく話ができそうな彼と、最後は話をしてみたい。

わたしが西日本の生まれであることも関係してか、この旅では東京より西の本屋に向かうことが多かった。だが最後の本屋は〈北〉にあり、その方角を表す言葉を自らの屋号にも冠している。

九人目は、彼だ。

冬の新潟は寒いだろう。

9

生きるかなしみ――そしてよろこび

❖❖❖ 北書店 ❖❖❖ 佐藤雄一さん

二〇一五年七月二十日

朝のうちからはっきりとしなかった曇り空も、トンネルを抜け、日本海側に入った瞬間から陽が差しはじめた。新幹線の車窓には南魚沼地方の平野が広がり、遠くに見える山の峰々は、早くも雪を被っている。この辺りまで来るのはずいぶん久しぶりのことで、わたし自身意外だったが、新潟市を訪れるのは実ははじめてである。

ようやくここまで来ることができた。

わたしは思った。

この旅をはじめたときから、最後に訪れるのは新潟の北書店だと決めていた。それはわたしにとって数年来果たせなかった宿題に取り組むことであったが、それと同時に佐藤雄一さんの壮絶とも言える生きかたを、この目で実際に見ておきたいという思いもあった。

はじめて佐藤さんに会ったのは、二〇一五年七月二十日のことだった。日付まではっきり憶えているのは、その同じ日に、わたしが勤めていたリブロ池袋本店が閉店したからである。――その日は、朝からお祭りのような日であった。四十年続いた、一時代を築いた店だったので、開店と同時に多くの人が別れを惜しむように訪れた。レジを打つ音は一日中途切れることがなく、わたしも知り合いへの挨拶や、メディアへの対応に追われていた。寂しいながらもどこか明るさのある、ちょっとほかにはないハレの日だった。

夜九時。閉店の時間が来て、社長、店長以下スタッフ全員が店の前の広場に並ぶ。その場には三百に近い人が、いまだ立ち去りがたい様子で残っていた。店長がお客さんへの感謝を述べたあと、大きな拍手、すすり泣きに見守られながら店は閉店。たくさんのフラッシュが光った。

人でごった返した広場にいると、知っている顔がこちらに向かって歩いてきた。石橋毅史さんだ。わたしはそのとき親しい人には、会社を辞めて新たに自分の店をはじめることを伝えていたから、それを聞いてのことだろう。石橋さんはある人をわたしに紹介したいのだと言う。それが北書店の佐藤雄一さんで、隣にいたその人は、こちらを圧してくるような目力で、わたしのことを凝視していた。

当時から北書店は有名な店だったから、わたしも彼の名前は知っていたが、実際に会って話をするのははじめてだ。そんなに長い時間でもなかったし、そのとき何を話したかは憶えていないが、ある爽やかさが残ったことだけは憶えている。まだ勤め人だったわたしは暑い夏でもスーツを着ていたが、佐藤さんはチノパンに白いＴシャツというラフな格好。そんな彼を見て「ああ、わたしももうじきこちら側に行くんだな」と、そのときわたしの意識が、勤め人から自営業者としてのモードに切り替わった――。

Title を開店した年にも、佐藤さんは一度店まで来てくれたことがあったが、わたしが北書店を訪れる機会はなかなかやって来なかった。それでもわたしは、いつかそのうち訪れる日も来るだろうと高を括っていたのだが、二〇二二年の夏、ＳＮＳからある一報が流れてきた。

北書店が閉店する――。

そこにあることがあたりまえの店だったので、それを見たときには「えっ、嘘だろ」と咄嗟に思った。しかし色々調べていくと、どうやらほんとうの話らしい。そしてさらに情報を辿ると、もっと驚くべき事実を知ることになった。

実はその年の春、佐藤さんは自身が出演していたトークイベントの最中、壇上で突然倒れ、救急搬送されていたというのだ。

脳内出血が原因だった。

幸いにして命に別状はなかったが、左半身に麻痺が残り、その後もリハビリを続けながら仕事をしているという。店を閉店することは、入院中に決めたようだった。

わたしがそのことを知ったすぐあとから、北書店では怒涛《どとう》の如きクロージングイベントがはじまった。以前から店とゆかりのあった人が多数登場し、息つく暇なく、熱気あるイベントが毎日のように開催された。閉店が決まってから顔を見せるのは気恥ずかしく、わたしはその様子を遠く離れた東京から眺めていたが、わたしと佐藤さんとは歳が一つ違うだけだから、彼の置かれている状況も何となくわかるような気がして、実はその先がまだあるのではないかと想像していた。このまま終わるには早いと、佐藤さんは思っているのではないか？

結局、医学町通にあった店は八月三十一日に閉店し、開店した二〇一〇年四月からは、その時点で十二年と五カ月が経過していた。

ある日店まで来たら、取次が倒産していた

しかし、そうした慌ただしい日々を過ごしながらも、佐藤さんは次の展開を考えていたのだと思う。それは人が生きていかなければならない以上、当然のことだ。彼は閉店の少しあと、いま店舗のあるマンションの契約を済ませていたようで、同じ年の十二月四日には、新

生「北書店」の営業がはじまった。

そのリ・オープン一周年の日から一夜明けた、二〇二三年十二月五日。新潟駅で菊池さんと待ち合わせて、中心街にほど近い萬代橋《ばんだいばし》までブラブラと歩いた。菊池さんとの旅もこの新潟が最後だ。菊池さんは新潟という街が気に入っているようで、仕事にプライベートに、年に一度は訪れるという。

「新潟には友だちがいるんですよ。空気が澄んでいて人も多すぎず、ほどよい感じで……」

萬代橋まで来ると、信濃川の悠々とした姿が見えた。日本で一番長い川とされる千曲川は、新潟県に入ると信濃川と呼び名を変え、この新潟の街で日本海まで到達する。わたしはこれまで様々な場所でこの川を見ており、この旅でも一度、上田でその流れを越えていたから、「ああ、この川はここで終わるんだ」と感慨深いものがあった。

新生「北書店」は、この信濃川沿いにあるマンションの一階に店を構えている。どこか半地下の雰囲気のある階段を下りて行くと、マンションの中にいくつか店が立ち並ぶ小さな商店街があり、商店街を形成する店の一つとして北書店が入居しているのだ。

シャッターが下りている店の多い商店街にあって、北書店の灯りだけがほのかに明るい。店の中に入ると、佐藤さんは知り合いらしき人たちと談笑していた。今日は佐渡在住の写真家・梶《かじ》井《い》照陰《しょういん》さんの写真展の初日だから、展示を見に来たお客さんも多い。

お話し中の佐藤さんに軽く会釈し先に店内を見ると、ほかの店では見かけない地方出版社の本や地元の出版物などがゴロゴロ、比較的無造作に並べられている。そうした飾らないところにも店主その人を感じる。二日前には武田砂鉄[※1]さんを迎えてのトークイベントが行われていたようで、この二十坪ほどの店内に四十人もの人を詰め込んだらしい。そう思って周りを見てみると、店にはまだ熱の残り香があるようだった。

店内の本を物色していると、佐藤さんがこちらに向かってゆっくり歩いてくるのが見えた。その左膝には、ジーンズの上からギブスがはめられている。彼はわたしの横に立ち、「辻山さん、実はさ……」と言ったかと思うと、堰《せき》を切ったように話しはじめた。

聞けばこの八月末、北書店がそこからほとんどの本を仕入れていた「書店開発」という会社が倒産したのだという。それでそこから二時間半、二人とも立ちっぱなしでのインタビューが、なし崩し的にはじまった。

※1　ライター。週刊誌、文芸誌などで連載を持つほか、ラジオパーソナリティーも務める。このトークイベントは、著書『なんかいやな感じ』（講談社）の刊行を記念して開催された。

新潟駅からバスと徒歩で十数分ほどの場所に、
北書店が入居するマンションはある。

佐藤　……その「書店開発」という会社は、表向きは書店コンサルタントと言っているんだけど、実際にはそこがトーハンの二次取次[※2]になっていたんです。でも今年の八月に、その書店開発が突然倒産したんですよ。それで九月一日から本が入れられなくなっちゃって。

――その会社がなくなったから。

佐藤　そう。さすがにいますぐ店を畳もうとかはなかったですけど、九月は俺、ずっと途方に暮れていました。だってトーハンからは本を入れられない、返品もできない、これまでの在庫はどうするんだ、マジかーみたいな……。それでいまはとりあえず、子どもの文化普及協会さんと契約して、そこから本を入れはじめている状況です。

——トーハンと直接取引するというのは、やはり難しかったのでしょうか？

佐藤　俺も聞いたんだよね。じゃ、トーハンさんで面倒見てよって。でも「ちょっとそういうわけにもいかないんです」と、他人事みたいに言われちゃって……。なんとなくダメなんだろうなと思ってはいたけど、空気の抜けたような対応でした。俺はただ親身になって、話を聞いてもらいたかっただけなんだけどね。

　もう十何年も前の話ですけど、北光社[※3]が潰れ、最初に自分で独立を考えたとき、トーハンからは「直接やるのはハードル高すぎるよ」って言われたのね。そのときに書店開発を紹介され、保証金と加盟料を払って契約したんです。

——そのお金は戻ってきましたか。

佐藤　いや、加盟料はそのまま払うお金なんですよ。保証金の百万だけが……。

※2　取次大手のトーハンから「書店開発」が窓口となり本を仕入れ、それを「北書店」に二次卸する契約上の流れ。資金や規模上、北書店がトーハンと直接取引するのが難しかったためこのようなかたちが取られたが、実際の業務としてはトーハンと北書店が直接やり取りをしていた。

※3　かつて新潟市中央区古町通に店舗があった、一八二〇年創業の老舗書店。佐藤さんは一九九六年にアルバイト入社し、最終的には北光社最後の店長となった。二〇一〇年一月閉店。

——敷金ではないですが、戻ってくるお金。

佐藤　そうなの。俺が潰れたら返しますというお金です。だけど契約書には、俺が潰れる話しか書いていないわけですよ。「おまえらが飛ぶなんて思ってもいねえよ、ばかやろう」みたいな話なんだけど（笑）。

——あははは、それはそうですよね。

佐藤　俺が潰れたり、死んだ場合にはどうするみたいな書面を交わされて、ああ、百万は返ってくるんだなと思いながら、おい！という感じなんです。

——あちらが倒産したときのことは書いていない。

佐藤　そうです。書かれていませんでした。……でも、俺は辻山さんにも訊いてみたいんですよ。どうします、そうなったらって。取次が潰れたときの対応とか、俺、したことないからわかんねえと思って。

——それは誰にもわからない（笑）。でもあり得ない話ではなくなっていますよね。

店主の佐藤雄一さん。

佐藤　そうなのよ。確かに俺も、いつまでこのままやれるんだろうとは思っていたんです。北書店は書店開発に一％の手数料を払っていましたから、七十九％の仕入れ。ざっくり八掛けで本を仕入れて、売れなかったらまた返送料を払って返品する。それでいつまでやっていけるのかは、実際いつも考えていました。だから「倒産しました」と言われても、そこに驚きはなかったんだけど、「脳内出血のあと、左半身麻痺でやり直しを図った一年目にこれか。なんだこの試練は」と思って。

――在庫はそのまま残ったのでしょうか。

佐藤　です。八月三十一日までに入った本はそのまんま。九月一日からは荷物が来ませんでした。うちは運送屋さんが夜中に来るんですが、そのとき一緒に、返品も持って帰ってもらっていたんです。返品は二カ月に一度くらい出すので、八月三十一日の夜、五箱をドンと置いておいたら、翌朝回収されていなかった。それでトーハンに「どうしたの？」って訊いたら、「その返品は受けられないし、送品もなくなります」と言われました。

――よりによって、返品を出そうとしたその日に。

佐藤　いやーと思いましたね。いくら雑誌を売りたいといっても、これではしょうがないですよね。

去年、医学町の店舗を閉店してここに来たときは、もうスカッと雑誌を切ろう[※4]と思っていたんですよ。でも踏ん切りが付かずにズルズル入れていた。それが続いていたから、「ああ、これからは直販オンリーになっちゃうけど、それはそれでしょうがねえ。『コロコロコミック』を買いに来る男の子の顔を見られないのは寂しいけど、ここはもう変わっていかなきゃならないんだ」と、逆に決心できました。

「独立書店」前夜

いきなり冷や水を浴びせられたような展開。厳しい現実を見せつけられた心地がしたが、佐藤さんにしても誰かと話したいタイミングだったのだと思う。口調こそ、開き直った明るいものだったが、そこにはいまだ続く戸惑いや怒りも感じられた。

わたしもそうだが、返品が可能な取次を使ってずっと店の品揃えをしてきた者にとって、いきなりすべての本を買い切りで仕入れ、店の運営をしていくことは難しい――そこには長年体に染みついた、癖というものがあるのだ。だが話にも出た通り、今後そうしたことがないかと言えば、それはまったくないとは言い切れないだろう。そうした意味で図らずも、北書店は時代の先端に立ってしまったのかもしれない。

――このあたりは新潟でいえば、どういった場所になるのでしょう？

佐藤　新潟は、そこにある萬代橋を渡ると、少しトーンが落ち着いてくるんですよ。橋の向こう、駅のほうに行けば若者が多いエリアなんだけど、橋を渡ってこちら側は旧市街の古町で、俺のいた北光社もその古町にありました。それでいま北書店のあるここは、どちらからも十分程度で着く中間点。川沿いということもありもともと好きだったんだけど、アクセスがそんなにいいところじゃないし、マンションの中で奥まっているから、予想はしていましたが、店をめがけて来る人がほとんどになりましたね。

――夏と冬の差というものも、やはり相当で……。

佐藤　いや、相当は相当だけど夏もかなり暑いですよ。冬は過酷に寒くて、この時間（午後四時くらい）になるともう商売ボチボチ終わりだから、いい季節といえば春と秋の四カ月くらい。だから新潟では、その四カ月くらいで何とか商売をする（笑）。

――すべての本が買い切りになって、注文の仕方や数は変わりましたか。

※4　現在「書籍」に比べて、紙の雑誌の売上減は著しい。取次を使っていない「独立書店」では、雑誌は置いていないことも多いが、ご年配のかたやお子さんなど地域の人たちにいまだ愛されている商品でもあるので、判断の難しいところがある。

佐藤　変わりましたね。

――少しずつ、刻んでいく感じ。

佐藤　そうです。やはり一度にたくさんは注文しない。十という数もなかなか出さなくなりました。いまのところ、最初は五が最大で、とりあえずそれで様子を見てみたいなと。

あと変わったのは、掛け率が七十％になった。中には七十五％の出版社もあるけど、やはり七掛けだと請求書の額にインパクトがありますね。意外と安いぞ、みたいな。そこはいいかなと思うんですけどね。

――ああ、やっぱり。

佐藤　だからいまのところ、平静を保ちつつ発注していますけど、おっかなびっくりではありますよ。これまでのように何でも注文できるわけじゃないですから。

でも俺は、辻山さんはこっちのほうがいいんじゃないかと思いましたけどね。みな明らかにTitleに来たくて来ている、店まで買いに来てるじゃないですか。そうなったとき、辻山さんはこのやりかたで火傷することはないと思ったんです。だってさ。売上が百万円だとして、取り分が二十万か三十万かの違いですから。どえらい違いじゃないですか。これまでだって、送りつけの本[※5]は返品しても、自分で仕入れた本って、よく考えたらそこまで返品していませんから。

……そういえば、リブロの閉店は二〇一五年の夏でしたよね。

——七月二十日です。

佐藤　俺は「リブロの辻山さん」と、最後に名刺交換した男なんだよね（笑）。そこにはもう意味がないんですけど……。リブロが閉店したあの日は、俺もB&B三周年のトークイベントに呼ばれていたんです。確か三本立てのイベントで、一本目が新刊書店の話でした。B&B三周年、北書店五周年、ブックスキューブリック十五周年ということで、みなで集まって話したんですよ。朝十一時のスタートで。

——ずいぶん早いな（笑）。

佐藤　だからいっそのこと夜行バスで行こうと思って、池袋行きの夜行バスで東京まで行ったんですよね。朝、リブロの前も通りかかりました。

トークが終わって、木村衣有子《きむらゆうこ》※6さんと昼飯を食べていたとき、「知ってる？　堀部がいま東京に来てるよ」とか言うから「なんで？」って訊いたら、「いや、自分で店をやるんだってさ」「へぇ！」っていうのがその日の会話なんです。だからいま考えてみれば、あの日はみな

※5　ここでは店の実績により、取次側で選定し配本されてきた新刊本のことを言っている（＝見計らい配本）。

※6　栃木県生まれの文筆家。十八歳からの八年間、京都に暮らし、恵文社一乗寺店や喫茶ソワレで働く。出版社から著作を多数刊行する一方、酒や食に関するリトルプレスも発行している。

近いところにいて、いろいろうごめいていた前夜なんですね。
Title、誠光社以降で、明らかに本屋さんの潮目が変わりましたよね。まず、語り口が変わってきました。それまで「町の本屋さん」と言われていたものが、堀部さんと辻山さんがはじめてからは「独立系新刊書店」と呼ばれるようになり、自分がやる側に気持ちが切り替わっていった。それがだいたい二〇一六年あたりで、それ以前と以後では全然違いますよね。

——誠光社さんが店をはじめたのも、確か一五年の十一月でした。

佐藤 そうそう。あの日木村さんに「堀部さん、何しに来てるの？」って訊いたら、出版社に挨拶回りしてる[※7]って言ってたからね。それを聞いてカッコいいと思った（笑）。出版社に挨拶回りをするなんて、俺にはそんな頭がなかったから。

——まあ別に挨拶しなくても、取次を使っているから、本は入ってきますけど（笑）。

わたしもあの日リブロが閉店して、まだ店の前にたくさんお客さんが残っていたとき、石橋さんから佐藤さんを紹介されました。そのときはまだスーツを着ていたんですけど、佐藤さんを見て「自分もこちら側に行くんだな」と思った。

佐藤 あははは。俺、Tシャツでしたもんね。しかしあのときは収拾つきませんでしたよね。いつまでたっても終わんない感じで……。でも東京の出版社や取次の人なんかは、みなTitle に熱いまなざしを注いでいる感じがするんです。

――いやあ、もう誰も来ませんよ。開店当初はよく視察のような人も来ていたけど、それももう来なくなった。

佐藤　ああ、そうですか。というのは、Title は独立書店としては少し後発だったんです。俺は二〇一〇年で、その前に遡っても、ブックスキューブリックが二〇〇一年で、ほかに当時個人ではじめた新刊書店はガケ書房[※8]くらい。
ただ、それから雑誌の特集も増えていき、本屋へのまなざしが熱くなったときでも、東京には往来堂書店くらいしかなかったんです。その舞台はほぼ地方で……。おそらく東京にいる関心の高い人たちは、インディペンデントな新刊書店に対するあこがれがあったと思うんですよ。そこへ辻山さんの店ができたからワーッとなった。すごく祝福されている感じが伝わってきました。

※7　誠光社は開店当時から取次を使わず、出版社と直接取引をして掛け率を下げる持続可能な書店経営を目指していた。そうしたこともあり、多くの出版社に挨拶する必要があったと思われる。

※8　現在、ホホホ座の座長を務める山下賢二さんが、二〇〇四年から一五年にかけ、京都市左京区に開いていた新刊書店。壁から車が突き出ている外観がインパクト大。当時のことは『ガケ書房の頃　完全版――そしてホホホ座へ』（ちくま文庫）に詳しい。

——東京は若い人のやっている古本屋は多いですが、とにかく家賃が高いから、儲けの少ない新刊書店は、個人ではできないという思い込みがあったのかもしれませんね。

佐藤　そうそう。

——あと「気質」ということもあるのかもしれません。関西だと、とりあえず自分で店をはじめようとする人が多いじゃないですか。それが店や情報の多い東京にいると、それを消費する人はたくさんいるんだけど、それまで例のなかった新刊書店をやろうとは、あまり考えなかったのかもしれない。

佐藤　出版社の人たちも全員とは言わないですけど、みんな乗っかっている感じはありましたよね。チェーン書店との販促ではなく、「独立書店」と呼ばれる小さな店と関わって、一緒に展示やイベントをやるようになった。たとえばナナロク社のような出版社[※9]には、「僕たちの店が東京にできた」というよろこびがあったと思います。俺の中で二〇一六年とは、そうした位置づけですね。

リトルプレスって関係性じゃない？

佐藤　でもそれ以降、気がつけば新しい本屋がどんどん増えていくのを見て、いったいなぜだろうと、実はなんとも言えない気持ちになっていたんです。それが最近、子どもの文化普及協会から本を入れるようになって、だんだん俺にもわかってきたんだよね。「ああ、これは増えますね、本屋さん。簡単にできますよ」と……。

だって書面を交わせばいいんだもん。この場所でこのくらいの規模でという話をして、書面を交わせば、あとは七掛けで新刊本を卸してくれるんだから……。それは、昔はありませんでした。極端なことを言えば、カフェをやっている人が「ここからここまで本棚にしたい」と言えば、たぶん明日から本屋ができます。それくらい仕組みができあがっている。だから注目していますよ、それをどこまで維持できるのか。

――それもありますね。仕入れはできても売れなければ、ただ仕入れただけですから。

佐藤　新しくできた店のテイストが似ているのも、俺は気になっているんですよね。平均的に似通ってくると言えば申し訳ないけど、パターンがすでにできあがっているのはどうしてだろうとか。平日は肉体労働でヘロヘロだけど本は好きで、週末だけはじめた本屋ってないじゃないですか。聞くのはみんな編集者かデザイナーですよね。でもそういう人がつくる店

※9　現在小さな本屋が増えているのと同様に、一人もしくは少人数で出版社を立ち上げる人も増えている。ナナロク社は一九七六年生まれの村井光男が立ち上げた出版社で、詩歌の本を多数刊行している。

だって、あっていいと思います。なぜそうした意外性がないのだろうとかね。
先ほどまで店にいた梶井照陰さんは、漁師やって、カメラマンやって、お坊さんなんです。「なんだそれ?」じゃないですか(笑)。でもいいですよね。朝は漁に出て檀家さんを回ってお経を読み、それらをすべて写真に撮って、それで仕事が回っている。
でも梶井さんの場合、すべて行きがかりじょうなんです。「じいちゃんの寺、跡取りがいないからおまえが行け」と言われ、一緒に住んでいたおばあちゃんも認知症が進んだから話し相手として犬を飼い、その記録が今回の新刊[※10]につながっている……。結果だけ見れば無駄がないように見えますけど、それはその場その場でやっているだけのことじゃないですか。でもこうした前例ができると、それをなぞろうとする人たちが出てくるわけです。

――本屋の話に戻せば、仕入れのルートが似てくるから、似通った店ができあがるということもありますよね。

佐藤 うん、そう思う。

――「これ、どこから入れてきたんだろう」といった、驚くような本を見ることが少なくなったと言いますか。

佐藤 「わけがわからねえ」という感じが見たいじゃないですか。でもやりたい人は、Titleが紹介している本や、版元お薦めの新刊も全部チェックしているから、最初から平均点にはなっているんです。でも到達点が結局「おしゃれ」なんだよね。逆に言えば「おしゃれにしかなれないこのつらさ」みたいなものはないのかなと思ったりもするけど。

菊池　僕もわかったようなことは言えないですけど、この前、自分でもリトルプレスをつくって、辻山さんの店にも置いてもらったんです。自分が信頼している本屋さん数店に連絡した以外は、こちらから特に営業はしませんでしたが、その後書店をやっている何人かのかたから、「Title がツイッターで紹介しているのを見て連絡しました」と取り扱いの依頼が来ました。でも見ているとどうも、これを扱えばバズると思ったようなんです。

　リトルプレスって、面白いと思ったから扱うものだと思いますが、内容ではなく誰かのSNSの反応を見て入れてみる。そのことがあまり腑に落ちなくて……。

佐藤　……だからさ。リトルプレスって関係性じゃない？

菊池　はい。そうですね。

佐藤　見ず知らずのものを取る必要はまったくなくて、つくっている人と関係があるから、面白そうだから、流通には乗っていないけど、わざわざやるわけだよね。

※10　『お寺のハナちゃん』（リトルモア）のこと。一見ほのぼのとした犬の写真集に見えるが、佐渡の限界集落での生活や老いの問題など、内に多くのテーマを含んでいる。

菊池　そうだと思います。

佐藤　でも取る必要もないものまで、話題になっているから試しに取ってみたって何だろうと思いますけどね。「それはあなたよく考えたほうがいいですよ。だってこのリトルプレスとあなた、なんの関係もありませんよね」と。それはリトルプレスのもともとの精神と、真逆なんじゃないかと思う。

――でも、そうした関係性ということで言えば、北書店がウェブショップをやらないのはなぜでしょう。ここでしか買えないものも、たくさんあると思いますが。

佐藤　ひとことで言うと気をつかうから。俺、超苦手なんだ、そういうの（笑）。やれたらいいなとは思いますよ。

――やれたらいいなとは思っているんだ（笑）。

佐藤　だって店に客が来なければ、外で売れればいいじゃないですか。でも、ネットがマジでダメなんです。これは俺の怠慢のなせる業なんだけど、面倒臭いんですよね。だから、何かの意志があってそうしているわけではありません。

――ウェブショップはそんなに難しくはないですよ。たぶん誰か、お客さんに詳しい人がいるんじゃないかな。

佐藤　そうですか。はなから難しいと決めつけすぎですかね……。やったほうがいいとは思うんですよ。というのも『北書店の本棚』[※11]という本をつくったり、去年はバッグやTシャツといったグッズもたくさんつくったから。俺が倒れたこともあって、周りのみんなが勝手に動いてくれたんですね。

販売は、「申し込んでください」とツイッターで言っただけ。「細かなことはいいですから注文してくれれば悪いようにはしません。送料なんかいいです。Tシャツなんかも送るから、まずはDMください」と言ったら、けっこうな数の注文が来た（笑）。これはちゃんとやったらすごいと思いました。

菊池　でも、そのDMでやっていること自体が、すでにウェブショップじゃないですか。もともと北書店が好きで、みんな佐藤さんから買いたいよと思って、わざわざ注文したのでしょうし。

佐藤　そうだよね。そのときは「やってることは同じだよな、これ」と思いました。

でもね、それは倒れた俺に対する、閉店ご祝儀的なところもあったと思うのよ。それでもまあ、俺の店でしか買えないものを売っているわけだからね……。辻山さんの紹介したもの

※11　旧「北書店」の十二年間をまとめた本で、毎年のイベントや出来事が綿密に記されている。編集は南陀楼綾繁さん、佐藤雄一さん、上田浩子さんの三人。発行は「まちの日々編集室」。

を同じ土俵で売る気にはなれないけど、やることもありだとは思います。どこの店にでもあるような本を、北書店で買いたいと思う人もいるのかもしれないし。

東京の反対を向いた

佐藤　でもTitleはなんでグッズをつくらないんですか？　つくればいいのにとも思うけど。

——**なぜでしょうね。店は一月十日が開店記念日だからそれに合わせて何かつくろうかと、毎回妻と話題にはしています。でも「ああ、そうね」と言って、いつもそのまま流れちゃう（笑）。先ほどの話で言えば、わたしはグッズをつくることのほうが面倒臭いのですね。**

佐藤　そうですか。……あっ、俺、カフェのことを訊こうと思っていたんだ。
Titleのことを考えたとき、カフェのことを意外に忘れちゃうんですよ。でもあそこに飲食の関係があるって大事じゃないですか。逆に辻山さんは、突然オムライスをつくるとかしないのかなとか思って（笑）。一日十食、辻山さんがオムライスをつくりますとか言ったらバズると思う。でもそれができる環境ではあるんですよね。

——**カフェは妻が担当だから、彼女の好きなようにやってもらっているんですね。基本的**

にのんびりとした、福岡の人。

佐藤　あっ、そうなんだね。

――　そう。だから山っ気はないし、バズりたいとはまったく思っていなくて、どちらかと言えばできるだけ見つかりたくないと思っている。水木しげるの「なまけ者になりなさい」が座右の銘だから……。だから近所のおじいちゃんおばあちゃんに対する客あしらいなど、とても上手です。

佐藤　ああ、いいですね。

――　でも彼女にそうした「見つかりたくない」という気持ちがあるから、店が小さく保てている、バランスが取れているということはありますね。これがもっと貪欲で、SNSにも左右される人だったら、無理して変な方向に行っていた可能性はある（笑）。

　実はわたしがここに来たかったのは、昔から北書店は独自に人との関係を開拓して、それをずっと大切にしていると思ったからです。そうした意味で、ここはどこの店とも似ていない。一度関係のあった人とはずっとつき合っていて、それは前の店のクロージングイベントを見ても明らかですよね。

佐藤　そう。出版社主導のイベントはあまりなくて、自分ではじめたイベントがほとんどです。

――そうした勝手にやってる感が、すごくいいなと思いました。

佐藤　これは新潟あるあるですけど、新潟はみんな東京のほうを見ているんですよ。北書店にしても最初は、「マガジンハウスが取材に来てたんだ、へえ」みたいに、地元の人が東京経由で店を見つけたところがありました。ただ俺は「東京に色目を使う新潟」というのがよくわからなくて、あるときから東京の反対を向いたんです。それも結果としてはよかったなと思いましたけどね。

――確か佐渡にも支店をつくっていましたっけ？

佐藤　うん。支店というか、縁ができた知り合いのやっているカフェが場所を持て余しているから、頼まれて本を出しただけですけど。シャレで「南書店」って言ってますが、全然機能していないです（笑）。俺が倒れたブランクもあって、まったくてこ入れはできていないんだけど、縁を切らさず今後もやっていくだろうなとは思います。

東京とのかかわりで言えば、出版社のアノニマ・スタジオがやっている「BOOK MARKET」[※12]ってありますよね。

――確か出店していましたね。

佐藤　そう。二〇〇九年が第一回で、二〇一〇年の第二回から参加しました。二〇〇九年には筑摩書房が出店していて、リストを見せてもらったら『金持ち父さん貧乏父さん』ってべストセラーがあるじゃないですか。そういう本を出していたんですよ。

それでもう、俺がボロクソにディスって、「わかってねえ。おまえのところは宝の山なんだよ、なんでそれがわからないの」とか言ったら、「だったら佐藤さん、選べよ」と返されて、それで出るようになったのが第三回（笑）。「おお、全然選んでやる。俺が全品筑摩書房のセレクションで出てやるよ」とか言いながら……。

――シブい本で（笑）。

佐藤　そうそう、武田百合子とかね。……でも当時はほんとうに十社程度の規模感だったのが、いまではどんどん増えてきて七十社ほどになっているでしょ。そうなるともう興味が持てないですよね。いまは似たようなイベントも増えてきて、どこも同じメンツがやっているから、ローカル性もまったくないなというのがあって……。もういいかなと思い、二〇一六年を最後に俺は出るのをやめました。二〇一五年に佐渡の「ハロー！ブックス」※13というイベ

※12　出版社のアノニマ・スタジオが「小さな出版社のブックフェア」というコンセプトのもとに二〇〇九年にはじめたイベント。二〇二三年の第十三回開催では全五十六ブース、七十四社が出展した。

※13　二〇一三年より新潟県佐渡市小木町の廃校で開催されているブックフェスティバル。有志の島民たちが企画・運営し、二〇二三年六月には全国から作家や大道芸人など十五組を迎え六年ぶりに開催された。

ントに参加しはじめて、一六年にBOOK MARKETをやめた。ちょうど入れ替わりというか、それからはずっと佐渡で、東京のほうを向かなくなりましたね。
あと北書店らしいのは、新潟にRYUTist《リューティスト》※14という地元のアイドルグループがいて、こことの縁が大きかった。

――そうそう。その話が訊きたかったんです。ずっとアイドルグループとイベントをしているから「佐藤さんは何をやっているのだろう?」と思って見ていました。RYUTistはずっと同じメンバーで活動しているのですか?

佐藤　少しずつ交代はあるけど、いまいる子たちは、ずっといるメンバーです。まさかこんなに縁が続くとはという感じで、ほんとうに家族ぐるみと言ってもいいくらい。

――メンバーの人たちも、本が好きなのでしょうか。

佐藤　一人だけ好きな子がいる。でも、本は読まないけど近くにメンバーの通う高校があるから、毎週のようにご飯を食べに行くといった関係ができました。
ふつうアイドルと本屋がやるイベントといえば、写真集が発売されたときの握手会だけど、北書店の場合トークとライブの二本立てをやって、熱気ムンムンのファンたちで埋め尽くされる。……でもそれがよかったんです。とにかくファンのヲタクたちが熱かった。

――北書店がRYUTistの聖地になって……。

佐藤　まあ聖地になりましたね。だからはじめてイベントをしたときは、俺の店なのに俺がアウェーだったんですよ。俺だけ違和感みたいな（笑）。でもそれまでは「ヲタク」と言っても、ひとかたまりの存在に見えていたんです。ところが彼らにも個人の顔がちゃんとあった。

新潟市って「柳の都」と言われていたんです。柳の都のアーティストだからRYUTist。そのRYUTistと北書店で「柳書店」というイベントをはじめてやったとき、「ファンたちが、仕事を終えてから来ることのできる時間じゃないとクレームになるから、チケット発売は夜七時からにしてください」と言われた。それも新鮮だったんだけど、発売日の夕方から、みんな表で待っているんですよ。ドカヘルかぶって作業服を着たおじさんが二時間、蒸し暑いなか立って、ずっと待っているわけだ。こういうファンたちのお金で、グループは支えられているんだっていうのが胸熱でしたね。それぞれに人生があって、現場仕事頑張って、週末その子たちにお金を注ぎ込んでいる……。これ、熱いなと思って。

だからファンの人たちとは「RYUTistと縁のある北書店さん、ありがとうございます」み

※14　新潟市中央区古町を拠点として活動する三人組の女性アイドルユニット。二〇一一年の結成以来、自主レーベルで作品を発表しながら、県内を中心にライブ活動などを行っている。

かつて医学町通にあった旧店舗が40坪ほどだったのに対して、
新店舗は20坪ほど。新潟にまつわる新刊書や、古書の取り扱いもある。

たいな関係になりました（笑）。メンバーが好きな絵本を仕入れて売ると、みんなきちんと行列をつくって絵本を買う。これには胸を打たれますよね。その中からだんだん知り合いになる人も出てきて、彼らのインスタを見ていると、毎日カレーやカップラーメンなんだけど、ちゃんと自炊もしていて、必ずキャベツの千切りが添えられているんです。

　そうした人生を見ていると、この人たちに支えられているRYUTistという存在が、また味わい深くなってくる。それからはずっとローカル。人生をつぶさに目撃できるという点で、お店をやるよさはありますね。

――前の医学町にあった店の閉店が決まってから閉店するまでは、すごく人の波が来たと思うんですけど、北書店ってこんな店だったんだとか、お客さんの反応から気づかされたことはありましたか？

佐藤　まあ、なくなるときはみんなそうした目線で来るからね。あれはびっくりしますよね。「こんなにみんな、この店のことを思っていたのか」とか。

――もっと早く言ってほしかった（笑）。

佐藤　それはうれしいというよりも、正直ちょっと腹が立ちました。「なんだよ、おい」みたいな。「北光社のときも同じことを言いましたよね、買わなくてごめんって……。北光社のときあんなにさみしがられたから、それで俺、北書店をつくったんですよ。まあ、あなたたち別に来なかったけど、俺がやめると言ったらやっぱり来るんですね……」とかね。

観光地なんですよ。やめる店というのが観光名所なんです。人は荒れ狂う日本海を見るのが好きなのと同じで、閉店する店を弔うことが大好きなんです。……でもそれは仕方ないですよね。だって人間に置き換えたら、じいちゃん、ばあちゃんが死んだら悲しいけど、毎日ばあちゃんの顔見てたかと言ったら、たまにしか会いに行ってないわけじゃないですか。でも悲しいことに嘘はないわけで、だから人間ってそういうもんだよという話。

――北書店が閉店したときは、次に移転することは公表していましたか？

佐藤　あのね……ぼやかしていたんです。だっていまの店が決まっていたわけでもないし、ほんとうにうまくいくかもわからない。そもそも書店開発が、そのようなことを許してくれるのかどうかもわからなかった。だから「ここは閉めます」とだけ言ってぼやかしました。ただ周りのお客さんには、「これで完全にやめるかどうかはわからないし、またやるかもしれない。その方法も考えています」みたいなことは言っていた。でも、四カ月入院していたという売上のブランクも含めて、どうせやるなら〈興行〉にしなきゃダメだと思ったんで、閉店ということを打ち出しました。

北書店をやめるとまでは言ってないけど、ここは閉めますねと言って閉店のムードをビンビンに出した。そうすると案の定たくさん人が来て、中には泣きながらやって来るこれまで一度も見たことのない女の人もいて、マジですかみたいな。

――すごい（笑）。

佐藤　そのときたまたま、接客の様子を撮らせてくれと言って、フジテレビ系列のＮＳＴ（ＮＳＴ新潟総合テレビ）が来ていたんですよ。そうすると、一人目の客が泣きながらやって来た。「仕込みだろこの人、嘘みたいな人が来たな」と思ったけど、そのかたはその後、それっきり見ていないです。そんなに泣くなら、俺、仕切り直したんだから新しい店にも来てよと思うけど……。だからみんな、泣いている自分が主人公なんだよね。

——でもそのうち、ふらっといらっしゃるかもしれないですよ。

佐藤　まあね……。だから閉店は、自分でも狙っていたんですね。売上稼がなきゃと。俺はどれだけ疲れていても、レジの音さえ聞けば元気になる自信があったんです。レジを打っているときが、いちばんテンションが高い。でも最終日、最後の何時間かは「もういいです」という感じになりました。「もう勘弁してください」って言いたくなるくらい……。

北書店の一日の売上は、マックスでも十五万ほどだったんですよ。平日は五万を切るときもあるし、コロナ禍のときなんて一万円台もありました。いよいよ来たなみたいなところはあったんだけど、それでもゼロだけはなかったんだよね。

そのくらいでふだんはやっていたけど、結局、最後の日の売上は四十五万円でした（笑）。でもその売上を一人でレジに打って、けっこう疲れますね。とにかくヘトヘトになっちゃって、いくら俺でもこれだけレジを打つと、もう飽き飽きするんだなとそのときは思った。

翌朝、佐藤さんがぜひ行ってみてほしいという、ギャラリーの「砂丘館」を訪れてから、一人ぶらぶら日本海まで歩いた。

「ただ古い邸宅で展示をやっているというだけなんだけど、建物の雰囲気もいいし、ロケーションが高台にあって新潟の街が一望できるんです。砂丘館を出て住宅街を抜けると、海がパーッと開けるので、そういう感じもぜひ見ていただきたい」

砂丘館にいた受付の女性に、海のほうまで行きたいのですがと尋ねたところ、裏口からまっすぐ歩くだけですと笑って返された。

「今日は晴れてよかったですね。ここに来る途中、佐渡のほうまではっきりと見えました」

午前十時。防風林を抜けると、紺碧《こんぺき》の冬の日本海が見えた。遠くに二つ三つ雲が浮かんでいるが、遮るものは何もない空と海。こんなに穏やかな天候は、この季節の新潟にしては珍しいのではないか。

防波堤に腰をかけると、昨夜のことが自然と思い出された。昨日はあれから一旦店を出て、閉店時にまた北書店まで戻り、佐藤さんと飲みに出かけた。そして居酒屋が閉まったらまた店まで帰ってきて、深夜まで話したのだ。何か別れがたいという感じだった。佐藤さんと菊池さんは、少し前に亡くなった山田太一について、長い時間話し込んでいた。

一緒にいるあいだ、佐藤さんは豪快に笑いを織り交ぜながら、ずっとこちらを楽しませてくれたが、実はわたしの心に強く印象を残したのは、店まで戻ってきたときに見た、一人平台の前に立ちつくす彼の姿だった。平台の上には、まだ作業途中といったように本が雑然と積まれていたが、ほかに誰もいない店内で、彼はその本を整えるでもなく、ただ真顔で凝視するだけだった。見てはいけない、素の顔を見てしまったような気がした。

移転や取次の倒産、新潟という街に対する愛憎、そして思うに任せぬ体のことなど、佐藤さんには焦りや苛立ち、一口では語れない複雑な思いがあるのかもしれない。いや、この間彼に起こったことを考えれば、それは「ない」と思うほうが不自然なくらいだ。

でもそれは、実際に聞いたわけではないからわからない。ただわかっているのは、あと一時間もすれば、彼は今日も店を開けるということだけだ。

最初に高久書店を訪ねてから一年と一カ月。結局わたしは九人の本屋に話を訊いて、いまこうして日本海を見ている。

日付も変わった夜半過ぎ、帰り際に佐藤さんが言ったことを、わたしは思い出していた。

「……でもそうしたとき、お店をやっているというのがいいんですよ。あれ？　話し足りなかったかなというときでも、それぞれお店をやっていればまた次がある。それはいいなと思うんですよね。

別にお礼状なんて交わさなくても、お互い店に戻って、店を続けているのであれば、それだけでもう、つながっているんです。それはこの仕事のいいところだなと思いますね」

今日も日本全国で、様々な本屋が店を開けている。

それぞれ違いはあっても、何も言葉は交わさなくても、我々はそのように店を開けているだけでつながることができる。そしてそれは、〈本屋〉という旅をともにしている、旅の仲間だからこそなのだ。

「次は、わたしの番——」

遠く佐渡を見ながら、わたしは思った。

佐藤雄一（さとう・ゆういち）

一九七三年、新潟県生まれ。九六年より十四年間、新潟市中央区古町の書店・北光社で働き、二〇一〇年一月の同店閉店時には店長を務めていた。同年四月、新潟市中央区医学町に北書店を開店。その後、二二年八月の一時閉店を経て、現在は新潟市中央区下大川前通へ店舗を移し営業を続けている。

おわりに――私はロボットではありません

さて、「しぶとい十人の本屋」の旅はいかがでしたでしょうか。商売として続けていくためには売上第一。でも、ひとりの人間として大切にしたいところはゆずれない、しぶといと言うしかない、我々の生態が垣間見えたのではないかと思います。

そうした理想と現実との狭間にわたしたちはいますが、それはもちろん、この社会のどこにいる人でも同じことですよね。今回はいまわたしがいる、小さな本屋の世界について書きましたが、ほんとうは個人や組織、規模の大小、職業の違いといった区別を越え、それぞれの人がいまいる場所で、生きる手ごたえを感じられるような仕事ができればいいに決まっています。わたしはそうした世界を目指していきたい。

そして、人がコンピュータから人間認証を迫られてしまうこの時代。本屋は人がその人でいるために、まだまだ必要な場所ではないかと思います。もちろんそうあるためには、いまあるかたちでは足りないのかもしれないし、変わる痛みだって必要だ。これからも多くの人のリレーが続くでしょうから、わたしも中継ぎの一人にすぎません。こうした本のある場所が末永く続いていくことを願い、ここで筆を置きます……。

あ、ちょっと待って！「十人」と言うには、まだ一人足りないと思われたそこの貴方。正解です。でも旅した先にいた本屋は九人でしたが、もう一人、旅をしていたのもまた本屋でしたよね？ そう、その彼こそが十人目なのでした。

この本は多くのかたの助けにより出版することができました。ここにすべてを書くことは叶いませんが、まず『熱風』にてこの企画をサポートしていただいたスタジオジブリ出版部のみなさん、編集担当の菊池拓哉さん、ありがとうございました。さらに、本屋として思い入れのある本を数多く出版している朝日出版社から、本書を出版できたのは望外の喜びでした。代表して第二編集部の平野麻美さんにお礼を申し上げます。装丁を引き受けてくださった寄藤文平さんは、「なぜこの人には、物事の本質がこんなにも見えているのだろう」という千里眼の持ち主。最後までしぶとく、プロの仕事を完遂する姿に脱帽しました。文平銀座の垣内晴さんとともに、すばらしい装丁をありがとうございました。そしてこの本はわたしの本というだけではなく、話を訊いた九人のかたがたとの共著だと思っています。鳥取でお世話になった三砂慶明さんを含め、みなさんに祝福がありますように。

最後に、この本を手に取ってくださった読者のかたにお礼を申し上げます。ありがとうございました。

本書は、『熱風』（スタジオジブリ刊）二〇二三年一月号～二〇二四年二月号掲載の不定期連載「日本の『地の塩』をめぐる旅」を改題し、大幅に加筆と修正を加え、まとめたものです。